AF607340

www.edicionesinvasoras.com
ISBN: 978-84-18885-37-2
DL ZA 37-2024

ENTRANDO EN CALOR

(Esta obra obtuvo el PREMI BORN DE TEATRE
con el título *De la realidad contemporánea*)

Jesús Campos García

Índice

Jesús Campos, un autor coherente y honesto

Cristina Santolaria Solano

Aunque pueda parecer increíble, escribir este Prólogo entraña para mí -que cultivo la amistad de Jesús Campos desde hace treinta años y que ha acompañado siempre mi trayectoria como gestora e investigadora teatral, con nuestras muy productivas colaboraciones y largas charlas, pero también algún que otro desencuentro-, una enorme dificultad pese a haber asistido a todos sus estrenos y leído sus textos desde el inicio de la década de los 90, y ello es así porque sobre su teatro se ha investigado y escrito mucho y bien. Ahí está la tesis doctoral y publicaciones de Ruth Gutiérrez Álvarez, los numerosos artículos de Berta Muñoz, Pepe Monleón, Virtudes Serrano, Ángel Berenguer, Manuel Pérez, Antonio Fernández Insuela e, incluso, yo misma, muestra mínima de un larguísimo etcétera[1].

Creo que la obra de Jesús Campos, a caballo entre dos siglos, ha contado con investigadores de generaciones, escuelas y tendencias diversas, lo que se explica por el interés que este inclasificable hombre de teatro despierta. Se ha dicho, yo misma fijándome en sus primeras obras, que Campos García se englobaba entre el grupo de dramaturgos que conformaron el llamado Nuevo Teatro Español, y más recientemente, se le ha clasificado como de "posmoderno", y, entre una y otra denominación, cada vez que estrenaba una obra suya, se le ha intentado etiquetar con los más variados sellos, siempre, por supuesto -creo-, de modo inapropiado. El teatro de Jesús Campos es simple y llanamente el teatro de Jesús

1 Un Prólogo "en condiciones" requeriría, quizá, un repaso a la obra y bibliografía de Jesús Campos García, labor que ya han realizado otros estudiosos e investigadores, por lo que me limito a señalar la web del autor (https://www.jesuscampos.com/) como fuente de todos los materiales a los que aquí aludo.

Campos, porque nunca las estructuras, géneros o enfoques se repiten respecto a sus dramas anteriores o a las de sus coetáneos; nunca, cuando asistimos a uno de sus estrenos, sabemos qué vamos a ver, aunque sí sabemos que nos sorprenderá y también que será coherente con lo que ha explicado en sus cuantiosos textos teóricos y ponencias como sus modos de creación.

Mi primer contacto con Jesús Campos se remonta a 1993, cuando yo impartía clases en la Universidad de Alcalá, concretamente a un artículo que preparé sobre la enseñanza de la dramaturgia. En él me aproximaba a unos dramaturgos que, durante la década anterior, habían impartido cursos y talleres sobre la escritura de textos teatrales, que redundaron en el nacimiento de una nueva generación de dramaturgos (Ernesto Caballero, Ignacio del Moral, Yolanda García Serrano, Paloma Pedrero, Luis Araujo, etc.). Jesús Campos formaba parte de ese grupo de docentes cuyas enseñanzas han sido muy fructíferas para el teatro español.

En aquel momento, Campos me explicó en qué consistía su método, o más bien, su anti-método, y que yo resumo en unos cuantos epígrafes que darán cuenta, en esencia, de cómo es el teatro del dramaturgo que nos ocupa: el creador debe huir de los códigos estéticos consabidos e intentar transgredir todos los convencionalismos asimilados ya por la sociedad, por lo que la creación, además, se convertirá en una herramienta de conocimiento, de la que desconocemos adónde nos llevará. Me permito utilizar sus palabras, puesto que se convertirán en eje medular de este Prólogo:

> La creación nos enfrenta a verdades imprevistas, no siempre cómodas, que debemos afrontar. Por esto les invito [a los alumnos] a vomitar todo aquello que la vida les indigestó y que no pueden expresar a través de los cauces normales de comunicación. Por supuesto que lanzarse sin red da lugar a una escritura gruesa, desordenada, convulsa. Ya habrá tiempo para mejorar la eficacia de lo escrito.

Además, para Campos, la esencia del teatro, frente a otros géneros, es el conflicto, que puede ser tanto cómico como trágico, conflicto que introduce en el universo creativo de este dramaturgo nada convencional el rechazo de lo narrativo y de lo poético, porque la esencia de sus obras reside en el enfrentamiento entre modos de vida, ideas e, incluso, en la confrontación con las propias convicciones, miedos o autojustificaciones.

Todas estas afirmaciones, que Jesús Campos realmente lleva a su producción, muestran a un autor honesto que "re-crea" en sus puestas en escena todo aquello que la vida le ha indigestado, si bien, debido a que sus creaciones tienen, como en la tragicomedia barroca, diversos niveles de lectura, no siempre son estos los que aparecen como temas dominantes o subsidiarios de sus propuestas escénicas.

Siguiendo con el antimétodo de escritura dramática -porque Campos huye de todo lo que signifique precepto y repetición-, el siguiente pilar de su modo creativo es el de que el texto únicamente es el pretexto sobre el que construir el espectáculo, es decir, una obra dramática de Campos García nunca estará finalizada hasta que no se haya puesto en escena, hasta que todos los códigos que conforman un espectáculo hayan sido "ajustados" a lo que el dramaturgo desea transmitirnos. Este hecho explica que solo muy esporádicamente Jesús Campos publique sus textos antes de ser contrastados con el público y de comprobar la eficacia de los distintos tipos de signos en el conjunto del espectáculo. Campos, como recomendaba a sus alumnos, re-escribe constantemente sus textos-pretexto para adecuarlos en cada momento a lo que siente y anhela transmitir.

Cualquier espectador o lector avispado, pese a las numerosas capas o niveles de lectura que rodean la médula de las obras de Campos, habrá descubierto las "verdades imprevistas" que han ido aflorando, a veces una y otra vez, en sus espectáculos.

Quién no ha vislumbrado en *Patético jinete del rock and roll* a un Jesús Campos, nítido trasunto de Anselmo, que tras haber gozado de la vida, con todo lo que esta le ha aportado o negado, y confiado en un futuro lleno de avances tecnológicos, descubre con desesperanza que con este sólo llega la vejez, la enfermedad y la muerte: "El futuro era esto. La vejez y la muerte". El mismo malestar se intuye en Ramón, el protagonista -abandonado por sus hijos cuando se van de vacaciones- de *Danza de los veraneantes*. Sin duda, Campos García ha tratado el tema de la muerte de forma tangencial, incluso central, en varias de sus obras, como ha señalado Ruth Gutiérrez en su estupendo *El teatro transgresor de Jesús Campos*; sin embargo, es en *Patético jinete del rock and roll* donde el autor más nítidamente permite entrever el motivo de su angustia. En este espectáculo, como en las obras breves, Campos, desde el principio, vomita lo que le incomoda, no ofrece otras capas susceptibles de conducirnos a otro tipo de interpretación.

En *7000 gallinas y un camello, Triple salto mortal con pirueta, En un nicho amueblado, Matrimonio de autor teatral con la Junta de Censura* o *Entrando en calor*, por solo citar algunas, aunque los temas abordados son otros y los niveles de lectura mucho más ricos, lo que subyace en todas ellas, escritas en el último cuarto de siglo XX, es el claro convencimiento de que el matrimonio coarta la libertad del individuo, además de que la vida en pareja es siempre espacio de confrontación, núcleo en el que se genera el conflicto. Advirtamos que juega con la identificación de matrimonio-muerte *En un nicho amueblado* o en *Nacimiento, pasión y muerte de... por ejemplo: tú*, mientras que en los restantes títulos ofrece una visión totalmente negativa por considerarlo parte de los convencionalismos sociales, sin perder de vista una lectura, quizás, más actual o ante la que estamos más sensibilizados: la violencia que anida en él.

Sin embargo, si algo se le ha indigestado a lo largo de su vida -y de su obra- a Jesús Campos han sido los malos usos y abusos del ejercicio del poder. Desde el inicio de su trayectoria como dramaturgo, lo que no es extraño puesto que esta se desarrolló bajo la dictadura franquista, aunque tampoco careció de revulsivos más cercanos y personales, Campos García ha plasmado el conflicto entre el Poder/los poderosos y sus víctimas: en *Es mentira*, ¿no es obvio el enfrentamiento cainita que vivió la España del siglo XX y las represalias que los vencedores ejercieron sobre los vencidos? Y en *d.juan@simetrico.es (La burladora de Sevilla y el Tenorio del siglo XXI)*, ¿no despliegan las jerarquías eclesiásticas su poder sobre la pareja de Juan e Inés, e, incluso, no lo ejercita la Burladora sobre el desvalido d. juan del siglo XXI? ¿Y qué decir de la red de urdidores y sus estrategias para conseguir o permanecer en el poder que se convierte en *leitmotiv* de *Gerberto de Aurillac (La cabeza del diablo)*? ¿No está en el centro de la historia de *... y la casa crecía* el poder y su indispensable aliado, el capitalismo? Y si nos trasladamos a las obras para la infancia, concretamente a *Blancanieves y los 7 enanitos gigantes*, ¿no es el autoritarismo de la Reina quien ha menoscabado la autoestima de los siete gigantes hasta convertirlos en enanitos?

Haber nacido y crecido bajo la dictadura y sus instrumentos políticos y eclesiásticos de coacción, necesariamente tenía que dejar su impronta en un autor que no niega la realidad, pero Jesús Campos ha continuado profundizando en el tema, que tiene miles de caras, facetas y aristas, en el periodo democrático. Su sentido crítico, que da unidad a toda su producción, pese a sus envolturas y tintes humorísticos, no puede dejar de diseccionar el abusivo ejercicio del poder en la actualidad, sea éste bajo la forma de la economía (*... y la casa crecía*) o los medios de comunicación (*Lo niego, me niego, reniego*).

Otra dura experiencia vital de Campos García subyace en *La fiera corrupia*, obra dedicada al público juvenil, al que Campos pretende prevenir contra el consumo de drogas –alentado desde los aledaños del poder-, consumo que irremediablemente conduce a la autodestrucción. En *Patético jinete...*, Anselmo alude a la muerte de su hijo por sobredosis, muerte que no supo prevenir ni evitar. Ciertamente el tema de las drogas está presente en nuestro teatro, pero nuestro dramaturgo lo plasma de manera directa, descarnada, sin mitigarlo siquiera con el humor absurdo con que, con frecuencia, se acerca a los temas que le duelen.

Quiero poner fin a estas líneas refiriéndome a un tema que, de alguna manera, sospecho, ha estado en el centro de preocupaciones de Campos García y le ha obligado a escribir sobre ello: el miedo a las nuevas tecnologías que todos quienes no somos nativos digitales padecimos cuando fuimos conscientes de que estábamos abocados a familiarizarnos con ellas o a quedarnos marginados. Y allí están *Naufragar en Internet* o *d.juan@simétrico.es*. Cuando algo inquieta, lo más saludable es afrontarlo, sacarlo y superarlo.

Por supuesto que el imaginario de Campos García es mucho más amplio que el aquí aludido, como se demuestra en la variedad de temas y motivos que alimentan los diversos argumentos de toda su ya amplia producción, pero no dudo de que el miedo a lo desconocido, sea Internet o la muerte, los convencionalismos sociales que restringen la libertad individual, el abuso del poder o los mecanismos, con frecuencia obscenos, para conseguirlo o el devenir irremediable de la vida, todo ello transido de un agudo sentido crítico y teñido de una cierta angustia existencial atenuada por el humor, con frecuencia absurdo, muestran a un dramaturgo honesto consigo mismo y coherente con su ideología y teorización sobre la creación escénica.

ENTRANDO EN CALOR

Jesús Campos García

PERSONAJES

Adán.—*50 años, inválido, barba canosa de dos días, demacrado, cicatrices en la frente. Viste ropa de diseño en tonos neutros.*

Eva.—*40 años, pelo castaño y ondulado, piel blanca con alguna erosión. Viste traje de chaqueta en tonos neutros. Su mano izquierda, la lleva escayolada.*

La acción ocurre en el salón amplio y lujoso de un céntrico apartamento en el que todo se adivina, pese a la oscuridad, en el más completo desorden. Por la ventana, y es lo único que se muestra con nitidez, se divisa la copa de un árbol en un estado lastimoso y las ruinas de unos edificios en demolición.

Al iniciarse la acción, Adán *permanece sentado, semioculto en la penumbra, tras el bulto del sofá.*

Eva.—*(Llama a la puerta. Pausa. Y repite la llamada.)*

Adán.—Sí... ¿Sí?

Eva.—*(Golpea con los nudillos y la puerta cede.)*

Adán.—Adelante. Pase. Está abierto.

Eva.—¿Sí?

Adán.—Pase.

Eva.—*(Empuja tímidamente. Asoma la cabeza.)* Ah, verá, yo venía...

Adán.—Adelante.

Eva.—Venía por... *(Lleva una mano escayolada y una tobillera.)*

Adán.—Pero por favor, pase, pase; no se quede ahí.

Eva.—*(Entrando.)* Porque este es el cuarenta y tres, ¿no? El apartamento cuarenta y tres.

Adán.—Sí, aquí es.

Eva.—No... no estaba segura, como tardaba... *(Mira a uno y a otro lado, haciéndose con la situación.)*

Adán.—Disculpe, no debí oír. Bueno, le diré: no oigo muy bien de este.

Eva.—Venía por lo del anuncio.

Adán.—Pero pase, pase y cierre la puerta.

Eva.—*(Cerrando la puerta.)* Porque es aquí lo del anuncio, ¿no?

Adán.—Sí, claro, por supuesto.

Eva.—Por un momento, pensé...

Adán.—Acérquese. Venga. Acérquese y póngase cómoda.

Eva.—¿Ya?

Adán.—Bueno, quiero decir... que se siente.

Eva.—Yo soy Eva. Era hoy, ¿no? *(Avanza hacia él.)*

Adán.—Estaba esperándola.

Eva.—Creo que me retrasé un poco.

Adán.—No importa, no se preocupe.

Eva.—Usted... ¿Usted es Adán?

Adán.—Sí, en efecto. *(Bromeando.)* Promotor, propietario y principal cliente de la agencia de contactos "Adán y Eva".

Eva.—En el anuncio ponía que era usted casado. ¿No?

Adán.—Por la Iglesia.

Eva.—¿No estará su esposa?

Adán.—No, mi mujer es aragonesa. Bueno, quiero decir que vive en el pueblo, con su madre.

Eva.—Me corta mucho, ¿sabe?

Adán.—¿El qué?

Eva.—Eso, su mujer, que estuviera por aquí, por la casa.

Adán.—No se preocupe.

Eva.—*(Curioseando ha llegado hasta el ventanal.)* Oiga, ese árbol es precioso.

El aspecto del árbol, como ya se apuntó, es lastimoso.

Adán.—Sí.

Eva.—No se ven ya árboles así.

Adán.—Pues no, ya veremos si con la obra no se desgracia.

Eva.—¿Qué obra?

Adán.—¿No ve?

Eva.—Pues la verdad, no mucho.

Adán.—Sobre su cabeza.

Eva.—*(Repara en el apeo que apuntala el dintel de la ventana.)* Oiga, ¿estamos seguros?

Adán.—Sí, sí, no se preocupe, es en la casa de al lado.

Eva.—Pero esto está apuntalado.

Adán.—Cuando comenzaron la demolición, se abrieron unas grietas, ¿ve? Pero no es nada.

Eva.—¿Está seguro de que la casa que están demoliendo es la de al lado?

Adán.—Fue un error de cálculo. Calcularon mal.

Eva.—Muy mal, por lo que se ve.

Adán.—Ya sabe, eso que hacen ahora para tirar las casas, eso de la explosión controlada.

Eva.—Pues, por lo visto, no controlaron.

Adán.—Sí, se les fue la mano.

Eva.—Vamos, un poco más y le dejan a la intemperie.

Adán.—Pues sí.

Eva.—¿Y usted es culto y educado?

Adán.—¿Perdón?

Eva.—En el anuncio ponía que era usted culto y educado.

Adán.—Hice hasta segundo de Filosofía en la Complutense.

Eva.—¿Pero es usted educado?

Adán.—La verdad es que dicho así, cara a cara..., pero... vamos, lo soy. En fin, a mí no es que me guste promocionarme, pero ya sabe, hay que dar una imagen. Cosas de la publicidad.

Eva.—Pues mire, no es por hacerle un feo, pero un caballero educado se pone en pie cuando llega una señora.

Adán.—¡Santo Cielo! Perdón, claro, imperdonable. Perdone que no me haya disculpado antes, pero... es que, verá... estoy indispuesto.

Eva.—¿Indispuesto?

Adán.—No, no, no es nada grave. Nada que impida... Nada por lo que no pueda... Vamos, no quisiera preocuparla.

Eva.—Pues qué quiere que le diga, me preocupa.

Adán.—Verá, lo que pasa, es que tengo ciertas dificultades... para andar. Pero ya le digo, solo para andar. Todo... todo lo demás está en orden.

Eva.—No contaba con una cosa así. *(Tropieza.)* Oiga, aquí no se ve ni torta. ¿No podría dar la luz?

Adán.—Bueno, ya sabe, es lo normal en estos casos.

EVA.—¿Qué casos?

ADÁN.—Sí, que es la costumbre en este tipo de encuentros. Es... ¿cómo le diría...? Más romántico.

EVA.—*(No deja de mirar, intentando verle.)* ¿Y puede saberse qué es lo que le pasa?

ADÁN.—No, nada, no es nada. Solo que no puedo andar.

EVA.—¿No estará escayolado?

ADÁN.—Ah, no, no, por supuesto que no.

EVA.—Pues yo sí.

ADÁN.—¿Yo sí, qué?

EVA.—Que yo sí estoy escayolada.

ADÁN.—¿Usted?

EVA.—Sí, me disloqué la mano; la muñeca. ¿Ve?

ADÁN.—No lo había visto. No me había dado cuenta.

EVA.—Pero cómo lo va usted a ver, si aquí no se ven tres en un burro.

ADÁN.—Encienda, si quiere. ¿Sabe lo que pasa? Que a mí la penumbra me favorece.

EVA.—¿Dónde está el interruptor?

ADÁN.—Ahí, junto a la puerta. *(Pausa.)* Si quiere, podemos encender unos candelabros.

EVA.—*(Palpando hasta encontrar el interruptor. Enciende la lámpara central.)*

Vemos ahora con mayor claridad el deterioro general de la habitación: un salón de corte clásico con paramentos moldurados, el cual, con una mano de pintura gris y fucsia, adoptó un cierto aire de posmodernidad. En él se amontonan, entre muebles de vanguardia, hoy muy deteriorados, gran cantidad de cajas de conservas, sacos de arpillera, armas, algunos rifles y una caja con dos revólveres, un generador del que salen unos cables que le conectan con una alarma antirrobo colocada en el patio, un gran armario botiquín, mantas, periódicos, herramientas de albañilería, etc. Todo con gran desorden, creando una atmósfera agobiante, aunque sin destruir por completo el orden geométrico del espacio.

EVA.—¡Jesús, qué alivio! Es que estoy mal de la vista, ¿sabe? Nada importante, no uso gafas ni nada, pero claro, con poca luz... *(Reparando en su aspecto.)* Pero... pero... pero oiga... pero...

ADÁN.—¿Le ocurre algo?

EVA.—¿Se ha mirado usted al espejo?

ADÁN.—Me afeito alguna que otra vez.

EVA.—Qué barbaridad.

ADÁN.—¿Es que no le gusto?

EVA.—Pues, francamente...

ADÁN.—Ya sabe, el hombre y el oso...

EVA.—Mire, lo siento, pero lo suyo no se arregla con un refrán.

ADÁN.—*(Gesto de resignación.)* ¿Qué quiere...?

EVA.—¿Y eso?

ADÁN.—¿El qué?

EVA.—Eso. Eso es una silla de ruedas.

ADÁN.—Pues... sí. Ya... ya le dije que tenía dificultades.

EVA.—Sí, me lo ha dicho, ahora me lo ha dicho, pero en el anuncio ponía "aspecto corriente".

ADÁN.—¿Y qué?

EVA.—Pues que es usted paralítico.

ADÁN.—Todos los paralíticos tienen mi mismo aspecto. Es el aspecto corriente de un paralítico.

EVA.—Pero bueno, lo suyo es de un descaro...

ADÁN.—No sé de qué se queja.

EVA.—Y la cara.

Adán.—¿Qué pasa con mi cara?

Eva.—Las cicatrices.

Adán.—¿Tampoco le gustan mis cicatrices?

Eva.—No sé qué es lo que puede gustar de una cicatriz.

Adán.—Pues que sepa que es usted la primera a la que no le gustan mis cicatrices.

Eva.—Se ve que sobre gustos no hay nada escrito.

Adán.—Una cicatriz en el rostro de un hombre es... como el certificado de haber vivido intensamente.

Eva.—¿Ve?, eso lo explica todo. No hay nada que me reviente tanto como un certificado.

Adán.—Además, oiga, usted cobra por esto.

Eva.—¡Que cobro?

Adán.—Pretende.

Eva.—Treinta euros es una cantidad simbólica.

Adán.—Será todo lo simbólica que usted quiera, pero son treinta euros. Cinco o seis euros sí podría decirse que es una cantidad simbólica, pero treinta...

Eva.—Me excita que me paguen, qué quiere. Pero yo esto lo hago por afición, no con ánimo de lucro.

Adán.—Sí, sí, mucha afición y todo lo que usted quiera, pero usted se procura un rendimiento. Y que conste que a mí también me excita pagar, ¿eh? Da... ciertos derechos.

Eva.—¡Entonces?

Adán.—Pero eso, una cantidad simbólica. Además, mire, lo siento, es usted demasiado complicada. No le gustan mis cicatrices, le molesta que sea paralítico, pretende cobrarme treinta euros y encima tiene el descaro de presentarse con la mano rota.

EVA.—Bueno... oiga... yo...

ADÁN.—A estos sitios, señorita, a estos sitios no se puede venir con la mano rota.

EVA.—Es la izquierda.

ADÁN.—¿Y si a mí me gusta que me lo hagan con la izquierda, qué?

EVA.—Usted sí que es complicado.

ADÁN.—Cuando se cobra por una cosa así, hay que dar unos servicios mínimos.

EVA.—¿Qué quiere? Me caí por la escalera.

ADÁN.—Pues claro que se cayó, no se la iba a retorcer con una llave inglesa.

EVA.—Di un traspié. Me fallan los tobillos, ¿sabe? Por eso llevo la tobillera.

ADÁN.—O sea, que también tiene el tobillo mal.

EVA.—Se disloca a veces.

ADÁN.—¡Esto es el colmo!

EVA.—¿Es que pensaba usted hacer algo con el tobillo?

ADÁN.—Mire, lo que yo piense hacer es asunto mío.

EVA.—Me está usted resultando un poco raro.

ADÁN.—¿Yo raro?

EVA.—¿Le parece normal...?

ADÁN.—Lo que pasa es que estas cosas, a mí me gusta hacerlas como Dios manda.

EVA.—*(Reaccionando.)* Oiga, pero esto es el colmo, lo suyo es de un descaro que no tiene nombre. Está usted hecho una ruina, y me está montando el número por haber dado un traspié en la bañera.

ADÁN.—¿En la bañera?

EVA.—Sí, ¿qué pasa?

ADÁN.—Antes dijo en la escalera.

EVA.—En la bañera o en la escalera, qué más da.

ADÁN.—No me gusta que me mientan. *(Refuerza la intención.)* Y menos que se note.

EVA.—Bueno, ha... ha sido un lapsus.

ADÁN.—Detesto los enredos.

EVA.—*(Cortante.)* ¿Pues sabes lo que te digo? *(Titubea en el cambio entre el "tú" y el "usted".)* ¿Pues sabe usted lo que le digo? Que si no quiere enredos, lo que tiene que hacer es dejar de enredar.

ADÁN.—Vale.

EVA.—*(Reforzando la intención.)* ¿Me entiende?

ADÁN.—*(Apagando la voz.)* Perfectamente.

EVA.—*(Más serena.)* Bueno bueno bueno, qué barbaridad. En fin, esto es lo que hay, y supongo que lo que habrá que hacer será... pues eso, serenarse.

Entretenidos con el juego, tras esta caída en la realidad, vuelven a la situación fingida, aunque ahora con menos brillantez.

ADÁN.—*(Cínico.)* Además, admitirá conmigo que el concepto de belleza es algo muy personal.

EVA.—No vuelva a las andadas, ¡eh? No... no me exaspere. *(Lo mira, pausa y rompe a reír.)* Vamos, vamos, vamos, no sé si reírme o asesinarle.

ADÁN.—Por mí, puede hacer lo que más le apetezca. Es más, no veo la diferencia.

EVA.—Pues no es lo que más me apetece, pero ya que estamos aquí, para qué darle más vueltas.

ADÁN.—Sí, vamos a lo que vamos, que se nos va el santo al cielo.

EVA.—Vale, vale, por mí cuando quiera.

Adán.—Usted primero.

Eva.—Ya sabe, son... son treinta euros.

Adán.—¿Cómo dice? ¿No pretenderá...?

Eva.—Excita más.

Adán.—Ah, no, no, no, eso sí que no; estoy de acuerdo con usted en que... bueno, que ya que estamos aquí, pues bien, vamos, que estoy de acuerdo. Yo, por mí, si quiere... Pero no pretenderá encima...

Eva.—Es lo convenido, ¿no?

Adán.—¿Está loca?

Eva.—Usted dijo que le excitaba pagar.

Adán.—Y me excita, claro que me excita. Me excita pagar a una mujer que... que me excite.

Eva.—Oiga, ¿no estará insinuando...?

Adán.—No puedo pagar... Comprenda, no voy a pagar por una mujer que no esté nueva.

Eva.—Mire usted quién fue a hablar.

Adán.—Uno ofrece lo que tiene.

Eva.—¡Pero qué rostro! ¿Y puede saberse por qué eso reza para usted y no reza para mí?

Adán.—Pues porque usted, además de estar... averiada, pretende cobrar.

Eva.—*(Perdiendo el control.)* Bueno, mire, ¡sabe lo que le digo? Que hasta aquí hemos llegado. ¿Pero quién me mandará a mí? He perdido... me ha hecho perder la tarde... Tengo solo cuatro horas, ¿sabe? Cruzo... Cruzo de un extremo a otro para acudir a esta cita absurda... y... y... y...

Adán.—No tiene por qué ponerse así. Tranquilícese. Tranquilícese y tratemos de buscar una solución.

Eva.—¡Pero qué solución ni qué solución!

Adán.—Podemos hacer el amor... como buenos amigos.

Eva.—¡No se lo irá a tomar encima a cachondeo?

Adán.—Por supuesto que no; pero sí con un cierto sentido del humor. Comprenderá que, en una situación así, el sentido del humor es algo imprescindible.

Eva.—No se pase, ¿eh? Entiendo... o por lo menos estoy dispuesta a entender todo lo que haya que entender; si es que es posible entender algo. Pero lo que desde luego no voy a consentir es que, después de la desfachatez del anuncio, venga usted encima...

ADÁN.—¿De mi anuncio? ¿Qué pasa con mi anuncio?

EVA.—Que es una estafa. Pero de principio a fin. Eso es lo que pasa.

ADÁN.—Ah no, no, eso sí que no, en eso se equivoca; puede que en algún detalle...

EVA.—¿Cómo que en algún detalle?

ADÁN.—Puede, quizás, no sé, puede que haya dorado un poco la píldora.

EVA.—Si lo de "aspecto corriente" le parece que es solo dorar la píldora...

ADÁN.—Mire, en lo fundamental, el anuncio no engaña en lo más mínimo.

EVA.—¿En lo fundamental?

ADÁN.—"Casado, 41 años". Si quiere, le dejo el carné. "Culto y educado". Como habrá podido comprobar. "Discreto".

EVA.—¡Ya!

ADÁN.—Está mal que yo lo diga, pero qué quiere, soy discreto. Y ya no digamos lo de "Insatisfecho por desajuste sexual esposa".

EVA.—Solo faltaba que fuera usted inapetente.

ADÁN.—Así que, como verá, el asunto se reduce a un simple problema de imagen.

EVA.—Estará vasectomizado, ¿no? En el anuncio ponía...

ADÁN.—Por supuesto. Si quiere comprobarlo...

Eva.—No, no es preciso; como comprenderá, no voy a utilizar sus servicios.

Adán.—¿Y eso?

Eva.—¿Tengo que explicárselo?

Adán.—Pues no sé por qué se anda con tantos remilgos. Otras lo hacen.

Eva.—¡Por la cara?

Adán.—¡Oiga, la tiene tomada con mi cara!

Eva.—No estoy tan necesitada. *(Recogiendo sus cosas para marcharse.)* Y lo que no me explico es por qué estoy aquí todavía.

La situación, hasta ahora brillante, se vuelve opaca, confusa, titubeante. Tras el juego inicial aparece una nueva realidad.

Adán.—Supongo que será por su espíritu maternal.

Eva.—¿Mi espíritu maternal? ¿Y se puede saber qué tiene que ver mi espíritu maternal en todo esto?

Adán.—¿Tiene hijos?

Eva.—*(Desconcertada por la pregunta.)* Sí, uno.

Adán.—¿Que tiene un hijo?

Eva.—Bueno, no, pero pude haberlo tenido.

Adán.—Me había alarmado. ¿Por qué dice entonces...?

Eva.—Tengo un sobrino. Sí, un sobrino, pero le quiero como a un hijo.

Adán.—Pues no sé qué me gusta menos.

Eva.—Si quiere... puedo no tenerlo.

Adán.—Es igual, ya está dicho.

Eva.—Lo preguntó de un modo que pensé que prefería...

Adán.—No le dé más vueltas.

Eva.—Le advierto que es un sobrino lejano; de primos... eso, de primos segundos.

Adán.—No me gusta la gente que tiene hijos. O sobrinos. No me excita. Habría sido preferible eliminarlo.

Eva.—Oiga, por treinta euros no querrá que me cargue a mi sobrino.

Tras este destello, que intenta recuperar la brillantez del juego anterior, vuelven a hundirse en la realidad.

Adán.—Quiero decir que... bueno, es igual, ya buscaremos la forma...

Eva.—¡Vaya día!

Adán.—O sea que tiene un sobrino, ¿no?

Eva.—*(No muy convencida.)* Sí, parece ser que sí. Vamos, sí.

Adán.—Y lo quiere como a un hijo, claro.

Eva.—Sí.

Adán.—Normal. Y usted, sin duda, al verme en esta situación, ha pensado en su hijo; bueno, en su sobrino, y se ha dicho...

Eva.—Para nada; no he pensado en mi sobrino para nada. No pienso en mi sobrino en situaciones como esta.

Adán.—Verá, quizás inconscientemente...

Eva.—¡Inconscientemente? ¿Pero cómo se permite... cómo se atreve a aventurar historias sobre mi inconsciente?

ADÁN.—Solo quería explicarle por qué no se ha ido desde el primer momento.

EVA.—Y usted qué sabe.

ADÁN.—Tengo experiencia en situaciones como esta, y eso me permite...

Finalmente, consiguen recuperar un cierto entusiasmo y, divertidos, se enganchan de nuevo en la ficción.

EVA.—Mire, ¿ve?, eso es razonable. Admito... reconozco que no tengo experiencia en situaciones como esta.

ADÁN.—No es posible. ¡No me diga que es la primera vez que contesta a un anuncio!

EVA.—No, no, claro que no, por supuesto que no. Tengo experiencia en este tipo de encuentros. Pero no pensará que detrás de cada anuncio hay un tullido; vamos, si eso fuera así, la sección de contactos solo la leerían los vendedores de ortopedia.

ADÁN.—No me diga que no hay un tullido detrás de cada anuncio. Bueno, dejémoslo. Verá... lo que yo quería decirle...

EVA.—Sé lo que quería decirme. Quería decirme eso, que tiene experiencia en ver aparecer mujeres que llegan buscando una aventura y se quedan de piedra al ver el espectáculo.

ADÁN.—No es necesario que sea cruel.

Se dispara la alarma y esto les obliga a enfrentarse con la situación real, por más que continúen con diálogos fingidos.

EVA.—¿Qué es? ¿Qué pasa?

ADÁN.—La alarma.

EVA.—¿Cómo?

ADÁN.—Sí, no, no se preocupe. No es nada. Es una alarma antirrobo.

EVA.—¿Están robando? ¿Quiere decir...?

ADÁN.—Se dispara sola.

EVA.—¿Está seguro de que no habrá nadie...?

ADÁN.—Tranquila.

EVA.—¿Pero... pero por qué no la quita?

ADÁN.—¿Cómo?

EVA.—¿No hay un interruptor?

ADÁN.—Sí, pero no es posible.

EVA.—¿Cómo que no?

ADÁN.—Es... bueno, es del comercio de abajo.

EVA.—Tiene que haber un modo de hacerla callar.

ADÁN.—No, no hay forma. Es imposible. Pero ya le digo, no se preocupe.

EVA.—Me pone nerviosa.

ADÁN.—Sí, es molesto.

EVA.—Me saca de quicio.

ADÁN.—No dura mucho. Apenas un par de minutos y ella sola se desconecta.

La alarma se desconecta; lo que, de algún modo, aminora la tensión.

EVA.—Pues menos mal.

ADÁN.—¿Ve?

EVA.—¡Qué escándalo!

ADÁN.—No es para tanto.

EVA.—Te deja sorda. *(Pausa.)* ¿Y... a cualquier hora...?

ADÁN.—Pues... sí.

EVA.—Pues sí que es un fastidio.

ADÁN.—Le advierto que yo prácticamente ni la oigo.

EVA.—Claro, como que está más sordo que una tapia.

ADÁN.—Tampoco es eso.

EVA.—*(Tras una pausa.)* ¿Y bien?

ADÁN.—¿Cómo dice?

EVA.—Le decía que eso, que me ha fastidiado la tarde.

ADÁN.—Ah.

EVA.—Y que aquí me tiene de pie, como una tonta, esperando que un Don Juan de pacotilla me explique por qué estoy aquí de pie, como una tonta, y además no me lo explica.

ADÁN.—Ah, perdone, me había distraído con la alarma.

EVA.—Pues hay que estar en lo que se está, que luego las cosas no funcionan.

ADÁN.—Lo que quería decirle es que al verme en este estado, pues habrá pensado: "si mi sobrino estuviera en una situación así...", y la sola idea le ha sobrecogido.

EVA.—Sobrecogida sí que estoy.

ADÁN.—Y bueno, eso, que se habrá dicho: "Pobre hombre, no puedo marcharme y dejarlo así, sin antes satisfacer sus deseos".

Eva.—¿No pretenderá excitarme con la idea de un incesto?

Adán.—Es un sobrino, ¿no? El Vaticano, en un caso así, concede dispensa.

Eva.—Pero qué cabeza más enrevesada.

Adán.—Qué quiere, es la necesidad.

Eva.—A usted lo que le pasa es que es un cínico.

Adán.—Puedo asegurarle que no siempre he sido así.

Eva.—Ah, ¿no es de nacimiento?

Adán.—No sabía que hubiera cínicos de nacimiento. Mire, el cínico no nace, se hace.

Eva.—Me refería a...

Adán.—Ya, ya sé a qué se refería, y no, no es de nacimiento.

Eva.—¿Un accidente?

Adán.—No; bueno, sí, en cierto modo.

Eva.—Claro, si es que van ustedes como locos y luego pasa lo que pasa.

Adán.—No sabría qué decirle.

Eva.—Aunque claro, usted dirá que la culpa fue del otro.

Adán.—Por supuesto, yo nunca le habría atacado.

Eva.—¿Atacado? Pero... ¿pero es que fue en una pelea?

Adán.—Sí, según se mire. Vamos, sí, puede decirse que fue en una pelea.

Eva.—Pero usted dijo que fue en un accidente de circulación.

Adán.—¿Yo? Yo no he dicho nada. Es usted quien lo está diciendo todo.

Eva.—Bueno, mire, me alegro de verle bueno. *(Lo mira de arriba a abajo.)* Vamos, que me alegro de haberle conocido. *(Coge el bolso.)* Yo me marcho, pero ya. *(Va decidida hacia la puerta.)*

Adán.—Espere, espere un momento. Sí, quizás tenga razón, es culpa mía, dejé que pensara...

Eva.—*(Controlando la situación.)* O sea, que fue en una pelea.

Adán.—No... no me gusta recordar. Fue terrible, compréndalo.

Eva.—*(Conmovida.)* Bueno, deje, déjelo, tampoco es necesario. Fue una indelicadeza por mi parte. *(Deja el bolso.)*

Adán.—No, pero si es normal, cualquiera en su lugar...

Eva.—Reconozco que he sido inoportuna.

Adán.—Lo que pasa es que evito contarlo porque... ¿Sabe?, es muy engorroso.

Eva.—¿Engorroso?

Adán.—Sí, nadie se lo cree.

Eva.—¿El qué?

Adán.—Mi accidente, nadie se lo cree.

Eva.—Pues no hay más que verle.

Adán.—No, no, ya, si eso sí se lo creen.

Eva.—Como que está a la vista.

Adán.—Verá, el problema no está en lo que ocurrió, sino en cómo ocurrió; vamos, en lo que pasó realmente.

Eva.—¿Y qué fue lo que ocurrió? Si puede saberse.

Adán.—Bueno, mire, se lo digo en cuatro palabras. *(Pausa.)* Me atacó un león.

EVA.—¡Ya!

ADÁN.—Sí, un león, ya sabe a lo que me refiero.

EVA.—Sí, claro, perfectamente, sé perfectamente a lo que se refiere: a un león.

ADÁN.—Verá, estaba yo...

EVA.—No, no se moleste. No es necesario que me cuente la película.

ADÁN.—¿Es que no me cree?

EVA.—Pero hombre, cómo quiere que le crea. Yo... yo ya sabía que me iba usted a mentir, ya contaba... Vamos, ya suponía que me iba usted a soltar una historia así, pintoresca, pues... para eso, para que me compadeciera y... y me pusiera a tono. ¡Pero vamos, es que le dejo y me sale usted con un número de fieras...!

ADÁN.—Como que es la pura verdad.

EVA.—Pues mire, hasta puede que sea la verdad, no se lo discuto, pero no hay quien se lo crea.

ADÁN.—No, no, pero si estoy de acuerdo. Si a mí mismo me parece increíble.

EVA.—Yo esperaba... qué sé yo, cualquier cosa. Y que conste que con lo de la pelea iba usted por buen camino.

ADÁN.—Sí, las peleas siempre funcionan.

EVA.—Pudo probar... no sé, con un atraco.

ADÁN.—No, si yo por mí, lo que usted quiera.

EVA.—O algo erótico. Que estaba en una cama redonda -ya sabe, un menaje-, y en una mala postura...

ADÁN.—Huy, qué va, qué más hubiera querido yo.

EVA.—Oiga, pues no sé, cualquier cosa. Yo era por darle una idea.

ADÁN.—No, si se lo agradezco. *(Pausa.)* Es más, estoy de acuerdo en que hay historias mejores, pero verá, yo qué quiere que le haga, uno no elige su destino, y a mí... me atacó un león.

EVA.—Mire, usted se lo pierde, yo no puedo poner más de mi parte; si insiste en lo del león, terminará echando la tarde a perder.

ADÁN.—Ya, sí... sí... claro... ya veo, me hago cargo. Es más, no sé cómo disculparme.

EVA.—Lo mejor será que lo deje.

ADÁN.—La verdad es que yo había pensado que lo del león era más novedoso, ¿no? Quizá... tal vez haya cargado demasiado las tintas.

EVA.—No le quepa la menor duda.

ADÁN.—Igual pudo haber sido en una pelea, ¿no cree?

EVA.—Ah, usted sabrá. Yo no quiero condicionarle.

ADÁN.—Sí, claro, seguro, ¿por qué no? Fue en una pelea.

EVA.—Si usted lo dice...

ADÁN.—Verá, estaba con mi novia.

EVA.—¿Con su novia?

ADÁN.—Sí. Estábamos en el cine.

EVA.—Eso tiene sentido, ¿ve? *(Y se sienta en unas cajas.)*

ADÁN.—En aquellos tiempos no existía la cama; bueno, quiero decir que como si no existiera. El cine... el cine cumplía una función, digamos... polivalente.

EVA.—Algo he oído.

Adán.—Claro, usted sin duda era muy joven. Es, es muy joven, por eso no puede acordarse, pero en aquellos tiempos, ciertas cosas se hacían en el cine.

Eva.—Lógico, me parece un sitio muy apropiado.

Adán.—¿Verdad?

Eva.—Es más, creo que es lamentable que esas costumbres hayan caído en desuso.

Adán.—No está bien que yo lo diga, tampoco voy a andarme con modestias, pero la verdad es que yo era un experto.

Eva.—¿Un experto?

Adán.—Sí, un experto.

Eva.—¿Pero un experto, en qué?

Adán.—En... bueno, en la manipulación.

Eva.—*(Levantándose.)* ¿En la manipulación? ¿Usted? No se me habría ocurrido. Vaya vaya vaya.

Adán.—Tampoco nada especial.

Eva.—Curioso, qué sorpresa...

Adán.—Tenía intuición. Era... Podría decirse que era imaginativo, rápido, preciso. *(Acariciando el aire con la mano.)* Y lo que es más, sabía darle a todo un estilo, un sello; un toque muy personal.

Eva.—Creo que no le sigo.

Adán.—*(Burlándose de su vanidad.)* Era un artista. *(Serio.)* Con técnica, con unos sólidos conocimientos técnicos; no vaya usted a creer.

Eva.—Sí, sí, claro, la técnica siempre...

Adán.—En ese sentido, podría decirse que yo era un verdadero profesional.

Eva.—¿Quiere decir que se dedicaba...?

Adán.—No, no es que viviera de la manipulación. Lo decía por el nivel.

Eva.—Nunca pensé que pudieran establecerse niveles en un tema así.

Adán.—Nada del otro mundo: pequeños trucos, técnicas elementales, aunque, eso sí, muy, pero que muy eficaces. Una de las más frecuentes era llevar siempre abierto, descosido, el fondo del bolsillo.

Eva.—Interesante.

Adán.—Yo siempre lo llevaba descosido. Mi bolsillo izquierdo siempre estaba preparado para lo que pudiera ocurrir.

Eva.—Interesantísimo.

Adán.—Puede parecerle extraño, pero es una costumbre que aún conservo.

Eva.—No me diga que lleva descosido...

Adán.—Pues sí.

Eva.—¿Quiere decir que ahora...?

Adán.—Sí.

Eva.—No lo puedo creer.

Adán.—Puede comprobarlo, si quiere.

Eva.—No quisiera...

Adán.—Compruebe, compruebe.

Eva.—No sé si debo.

ADÁN.—¿Por qué no?

EVA.—¿Puedo?

ADÁN.—Adelante.

EVA.—¿No le importa?

ADÁN.—Por favor.

EVA.—*(Acercándose.)* Me... me parece absurdo.

ADÁN.—Se lo ruego.

EVA.—Absurdo... y divertido.

ADÁN.—Pero acérquese, no sea tímida.

EVA.—¡Qué locura! ¡Qué locura! ¿Pero cómo puede conservar una costumbre así?

ADÁN.—Ya ve.

EVA.—Pero si ya no hay cines.

ADÁN.—*(Tomando la mano.)* Traiga.

EVA.—¿Cómo?

ADÁN.—Por aquí.

EVA.—¿Así?

ADÁN.—Sí, así.

EVA.—*(Con la mano metida hasta el fondo.)* Ah, pues sí, sí.

ADÁN.—*(Tragando saliva.)* ¿Ve?

EVA.—Sí, ya veo, sí... sí... ya veo que sí.

ADÁN.—¿Qué?

EVA.—¿Qué de qué?

ADÁN.—¿Que qué le parece?

EVA.—Ingenioso.

ADÁN.—¿Verdad?

EVA.—Y... y muy práctico.

ADÁN.—Son... son pequeños inventos.

EVA.—Sí... Pequeños inventos... pero que funcionan.

ADÁN.—*(Con los ojos en blanco.)* Ya... ya lo creo... ya lo creo que... que funcionan.

EVA.—*(Tose, carraspea y se aparta.)* Me parece lamentable que se pierdan costumbres así. *(Limpiándose discretamente la mano.)*

ADÁN.—*(Totalmente desarbolado.)* Son costumbres populares.

EVA.—No hay nada como la cultura popular.

ADÁN.—El problema... *(Se rehace, se incorpora.)* El problema estaba en el cambio.

EVA.—*(Perpleja.)* ¿En qué cambio?

ADÁN.—Sí, en el cambio; cuando te daban el cambio, si te olvidabas y te metías las monedas aquí... Bueno, qué vergüenza, todo por el suelo, claro, pensabas que se lo figuraban... vamos, que sabían, y seguramente lo sabían, porque no crea que era a mí al único a quien se le caían las monedas pantalón abajo.

EVA.—Curioso, qué curioso, qué cosas me cuenta.

ADÁN.—Sí, yo era un gran estratega.

EVA.—Viéndole ahí sentado...

ADÁN.—Ah, bueno, y eso era otra: cómo sentarse; porque desde luego lo fundamental era la ocupación.

EVA.—¿A qué se refiere?

ADÁN.—A las posiciones. La mejor zona, claro, era la de atrás; eso lo sabían hasta los tontos. Ahora, una vez atrás, la cosa tenía su aquel. Yo diseñé un planteamiento posicional que no puede figurarse hasta qué extremo mejoraba el rendimiento.

EVA.—Confieso que me cuesta seguirle.

ADÁN.—Verá, había que sentarse a la derecha... quedando la chica a la izquierda de la derecha, y yo a la derecha de la derecha.

EVA.—Si no se explica...

ADÁN.—Será mejor que realicemos un ejercicio práctico.

EVA.—¿Cree que es necesario?

ADÁN.—Sí, va a ser lo mejor. Coja, traiga esa silla y siéntese aquí. *(Marca su izquierda.)*

EVA.—¿Pero no decía usted que a la derecha?

ADÁN.—Vamos por partes. Sitúese. Si esta es la sala, nosotros estamos atrás y a la derecha. Figúrese que la pantalla está allí, ¿no? Pues nosotros aquí, a este lado.

EVA.—Hasta ahí, bien.

ADÁN.—Y ahora entre nosotros, usted a mi izquierda.

EVA.—*(Colocándose.)* ¿Así?

ADÁN.—Eso es.

EVA.—Sí, pero no le veo la ventaja.

ADÁN.—¿No se da cuenta?

EVA.—Qué quiere que le diga.

Adán.—*(La sienta.)* Usted así, ahora, sin violentarse, disimuladamente -vamos, como quien no quiere la cosa-, puede introducir su mano derecha en mi bolsillo izquierdo...

Eva.—Creo que empiezo a comprender.

Adán.—...que, como ya sabe...

Eva.—Ha sido previamente... trucado.

Adán.—Exactamente.

Eva.—Ya, pero igual podía haber sido a mano contraria.

Adán.—No sé cómo. Bueno, salvo que fueran zurdos.

Eva.—No, claro, visto así...

Adán.—Pero traiga, traiga su mano. *(Abriéndose el bolsillo.)*

Eva.—¿Para?

Adán.—Traiga, métala aquí y verá como funciona.

Eva.—Ya... si me hago cargo.

Adán.—No, no, por favor, traiga. Verá, es más complejo de lo que parece a primera vista.

Eva.—¿Más complejo?

Adán.—Sí, traiga, métala.

Eva.—*(Que no puede meter la mano porque el brazo de la silla de ruedas se lo impide.)* ¿Pero cómo?

Adán.—Así, mire, pase el codo a este lado.

Eva.—¿Así?

Adán.—Eso es. Y ahora yo paso mi brazo... *(Lo pasa sobre el hombro.)*

Eva.—No... no.

Adán.—... deslizando la mano... *(Le acaricia el pecho izquierdo.)*

EVA.—Ji, ji... me está... ji, ji, ji. Me está haciendo cosquillas.

ADÁN.—*(Se interrumpe.)* Esto se hacía durante el NO-DO.

EVA.—*(Molesta por la interrupción.)* ¿El NO-DO...? ¿Por qué durante el NO-DO?

ADÁN.—Por control, por establecer un esquema de tiempos. Era el modo de controlar la progresión.

EVA.—*(Gratamente sorprendida.)* O sea, que se progresaba.

ADÁN.—*(En ejecutivo.)* Cada cosa a su tiempo, y a cada tiempo su cosa. Todo estaba estudiado. *(Muestra la derecha, haciendo dedos como un jugador de cartas.)* Y mientras que la izquierda merodeaba por los alrededores, la derecha, fíjese bien, la derecha quedaba aquí, libre, aguardando el momento de la incursión definitiva.

EVA.—¿La incursión? Qué... qué interesante.

ADÁN.—¿Se da cuenta? ¿Comprende ahora la importancia del método?

EVA.—No.

ADÁN.—Sabrá que la derecha es más habilidosa.

EVA.—¿Habilidosa, para qué?

ADÁN.—Sabrá, al menos, que los dedos de la mano derecha son mucho más ágiles y precisos.

EVA.—No, no sabía.

ADÁN.—Pues lo son.

EVA.—No me había parado a pensar en una cosa así.

ADÁN.—Sí señora, lo son.

EVA.—Si usted lo dice...

ADÁN.—Generalmente, la derecha no actuaba hasta que no comenzaba la película.

EVA.—¿Y cuándo... empezaba la película? ¿La película, cuándo empezaba?

ADÁN.—Justo después del descanso. *(Vuelve a la manipulación.)* ¿Ve? La derecha actuaba así, ¿se da cuenta?

EVA.—*(Volviendo a alterar la voz.)* Me... me doy cuenta. Me doy cuenta perfectamente.

ADÁN.—Al principio, sin subir la falda.

EVA.—¿Por... por alguna razón especial?

ADÁN.—Por los acomodadores.

EVA.—¿Los acomodadores?

ADÁN.—Naturalmente. Al principio de la película todavía entraba gente, siempre llegaba alguien tarde, y el acomodador podía romper todo el mecanismo.

EVA.—Muy complicado, ¿no?

ADÁN.—*(Se separa.)* Sí, bueno, según se mire. Lo que pasaba es que todo esto se hacía con la mano tonta, como sin querer; la chica, pues eso, se hacía la sorda, y tú tenías que ir controlando mientras organizabas los ataques por sorpresa. *(Avance de manos.)*

EVA.—*(Tras un sobresalto controlado.)* A mí... a mí ya no me sorprende nada.

ADÁN.—Por eso era el sentarse así, porque de esta forma, mientras este ojo no perdía de vista a Gary Cooper, este otro estaba pendiente de las reacciones que se producían al manipular los distintos resortes.

EVA.—Vamos, que estaba en el plato y en las "tajás".

Adán.—Sí, era imprescindible una gran concentración para poder actuar según los síntomas. Y sobre todo, había que estar muy pendiente de la respiración.

Eva.—¿Es que su novia era asmática?

Adán.—No, bueno, es que las incursiones se ejecutaban en los momentos en que se apreciaban alteraciones respiratorias.

Eva.—Oiga, realmente lo suyo era científico.

Adán.—Necesariamente. La mujer tiene unos mecanismos muy delicados, y cualquier contrariedad, qué sé yo, un exceso de presión, un avance a destiempo, la llegada imprevista del acomodador, cualquier cosa podía obligarte a dar marcha atrás. Y si te veías forzado a una marcha atrás, ya... malo malo malo, hacía falta mucha mano izquierda para volver a actuar con la derecha. *(Con la conversación ha cedido en el acoso manual.)*

Eva.—¿Y qué hacía, si... si por cualquier causa daba... daba marcha atrás?

Adán.—En esos casos, lo mejor era dedicarse a Gary Cooper.

Eva.—Me decepciona.

Adán.—Le advierto que había películas muy interesantes.

Eva.—Ya, ya me imagino.

Adán.—Recuerdo una de vaqueros...

Eva.—La he visto.

Adán.—¿Seguro?

Eva.—Si no recuerdo mal, antes decía usted que la derecha era fundamental.

ADÁN.—Definitiva. La subida de la derecha por la cara interior del muslo era el movimiento clave. Ahí era donde te la jugabas. Vamos, la hora de la verdad. Era... como entrar a matar.

EVA.—¿Y puede saberse cuándo se hacía el remate de la faena?

ADÁN.—Bueno, antes había que hacer unos movimientos previos. *(Le acaricia la rodilla.)* Así, acariciándolo, hasta que intuyes que lo tienes preparado.

EVA.—Si es por eso, no se moleste. Está totalmente preparado.

ADÁN.—*(Realizando las acciones.)* Entonces agachas, observas, y si ves que está bien abierto de cruz, ¡rápido, te echas! *(Sube la mano como una flecha.)*

EVA.—*(Grita.)* ¡Ah!

ADÁN.—¡La falda! ¡La falda!

EVA.—*(Sin poder hablar.)* ¿Pero qué pasa ahora con la falda?

ADÁN.—Nos pueden ver.

EVA.—Pero... ¡pero quién nos va a ver?

ADÁN.—Bueno, si estamos en el cine, lo suyo es estar pendientes de que no te vean, ¿no?

EVA.—¡Vaya por Dios! *(Tapándose.)* Mire que es usted difícil.

ADÁN.—Es lo que hacía la chica. Por pudor.

EVA.—Perdone. Olvidé que estábamos en la reconstrucción de los hechos.

ADÁN.—Había que guardar la apariencias, porque, aunque esto se hacía durante el tiroteo...

EVA.—¿El tiroteo? ¿Qué tiroteo?

Adán.—El de la película, ¿qué tiroteo va a ser? Con el tiroteo, todo el revuelo pasaba más inadvertido.

Eva.—¿Y si no había tiroteo?

Adán.—Ah, en ese caso, no había más remedio que esperar hasta el beso. Mire, lo importante era hacerlo todos a una, para que así cada cual estuviera a lo suyo.

Eva.—¿Y por qué no daba el acomodador una palmada, como si diera la salida?

Adán.—Pues no sé, no era costumbre. *(Sorprendido.)* ¡Oiga! Pero... *(Tras golpear con los nudillos.)* ¡Pero tiene usted los pechos de plástico!

Eva.—Bueno, sí, pero solo uno.

Adán.—Esto es el colmo.

Eva.—¡Es que no le gusta?

Adán.—¿Pero cómo me va a gustar? ¿Cómo quiere que me guste un pecho de plástico?

Eva.—Son más duros; ahora, si no le gusta, puede tocar el otro.

Adán.—Y venía exigiendo.

Eva.—No, exigiendo no: puntualizando; simplemente puntualizando. Mire, en estas cosas, el anuncio es lo que manda, y el anuncio no advertía nada de lo de sus piernas.

Adán.—Es que usted se fija solo en mis defectos, pero ¿y los suyos?

Eva.—*(Gesticulando con el periódico.)* Yo me rijo por el anuncio, y aquí no pone nada de que tenga que tener dos pechos.

Adán.—Se sobreentiende, es que eso se sobreentiende.

Eva.—Decía: "madura, llenita", y punto. Lo demás se daba por bueno.

Adán.—Hombre, madura sí que está.

Eva.—Para los tiempos que corren, ya se puede dar con un canto en los dientes.

Adán.—También decía bien conservada.

Eva.—Sí, y que usted era educado. *(Vuelve a acusar el mareo.)*

Adán.—¿Le ocurre algo?

Eva.—No, no es nada.

Adán.—¿Quiere un vaso de agua?

Eva.—No, gracias, ya pasó.

Tras una pausa larga, retoman el juego con dificultad.

Adán.—¿Y... qué más cosas le faltan?

Eva.—¿Cómo que qué más cosas me faltan?

Adán.—Sí, que para evitar sobresaltos, me gustaría saber qué más cosas se me pueden caer de las manos. Vamos, que cuántos apliques tiene.

Eva.—¿Pero qué se ha creído? Aquí todo lo que hay está firme.

Adán.—*(Indicándole el pecho.)* Ya.

Eva.—Sujeto a las costillas con un anclaje de acero inoxidable. Le desafío a que lo quite de su sitio.

Adán.—¿No tendrá ningún ojo de cristal?

Eva.—Ah, no, no, por supuesto que no. Eso puedo jurárselo, los dos son naturales.

Adán.—Porque si hay algo que no soporto es un ojo mirándome desde la mesita de noche.

Eva.—*(Muy cerca de él.)* ¿Ve? Mire, mire cómo los muevo.

Adán.—No, como decía que no andaba bien de la vista...

Eva.—Sí, pero una cosa es ser miope y otra cosa es ser tuerta.

Adán.—Más vale así.

Eva.—Lo... Bueno... verá... Lo que sí es postizo... es... el pelo.

Adán.—¿El pelo?

Eva.—Sí.

Adán.—Vamos, que además es usted calva.

Eva.—Es una peluca magnífica.

Adán.—En fin, qué le vamos a hacer, habrá que aceptar que somos dos ruinas.

Eva.—*(Contradiciéndole.)* ¿Ruinas?

Adán.—Usted salpicada de pequeñas averías, y yo, inservible de cintura para abajo.

Eva.—No sé qué decirle: de cintura para abajo, no todo lo tiene usted inservible.

Adán.—Sí, afortunadamente y dentro de la desgracia, pues mire, se salvó lo principal. La verdad es que si el león se come también...

Eva.—Y dale con el león.

Adán.—Lo que quería decir, es que si a causa del accidente quedo inútil sexual, la vida ya no tendría sentido.

Eva.—Hay otras cosas.

Adán.—¿Sí?, ¿cuáles?

EVA.—Pues no sé, la literatura, la filosofía esa que estudiaba usted, la televisión...

ADÁN.—Reproducciones, pobres reproducciones... Qué quiere, lo mío es el directo. Además, le diré, toda la filosofía que necesito para vivir la aprendí en un váter.

EVA.—Pues no parece un sitio muy apropiado para recibir alimentos intelectuales.

ADÁN.—Ponía: "Follar follar follar, que el mundo se va a acabar".

EVA.—*(Reacciona con gran conmoción, se rehace y queda confusa.)* Muy... muy fino.

ADÁN.—Fue una revelación. Todo un decálogo condensado en un único precepto verdadero. Me sentí tocado por el rayo divino. Dudo que la conversión de San Pablo fuera más fulminante que la mía.

EVA.—*(Queriendo bromear.)* Pasa usted con una velocidad de la ciencia a la mística, que es difícil seguirle.

ADÁN.—¿Pero es que no lo ve claro? ¿No se da cuenta? Si ya no era posible morir tranquilamente en la cama, si la muerte nos iba...

EVA.—¡Déjelo!, ¿quiere?

ADÁN.—Si en cualquier momento...

EVA.—¡Por favor!

Suena la alarma, añadiendo mayor tensión a la existente entre ambos.

EVA.—¡Maldito invento!

ADÁN.—Se dispara sola, ¿sabe?

EVA.—Sí, ya... ya sé.

ADÁN.—*(Pausa larga.)* Es del comercio...

EVA.—Sé perfectamente.

ADÁN.—*(Pausa larga.)* No hay que preocuparse, no, no es nada. Además, ella sola se desconecta.

EVA.—Déjelo, es igual.

Al transcurrir un tiempo aproximadamente igual a las veces anteriores, se desconecta la alarma.

ADÁN.—¿Ve?

Eva.—*(Refiriéndose a su mano.)* Me está empezando a doler. *(Coge unas píldoras del botiquín, se sirve un vaso de agua y se las toma.)*

Tras una pausa larga, todo va recuperando su anterior "normalidad".

Adán.—¿Quiere que pasemos al dormitorio?

Eva.—¿Al dormitorio? No, por Dios, no vamos a pasar al dormitorio. Si aún estoy aquí es... porque ya me dirá qué otra cosa se puede hacer. Así que, bueno, pues aquí estamos, charlando tranquilamente.

Adán.—Pues qué bien.

Eva.—Lo que sí me gustaría saber es lo que pasó en el cine.

Adán.—¿En el cine?

Eva.—Lo de sus piernas.

Adán.—Ah, sí, sí, claro, el cine, claro. Venga, acérquese.

Eva.—¿Por?

Adán.—Para ver la película.

Eva.—¿Qué película?

Adán.—La de Gary Cooper. Estábamos en el tiroteo.

Eva.—Recuerdo perfectamente el tiroteo.

Adán.—¿Es que no quiere sentarse?

Eva.—Estoy bien así.

Adán.—Yo lo decía por escenificarlo.

Eva.—Ah, no, no, mejor no. Déjelo sin escenificar. No me gustaría estar a su lado cuando ocurra el percance que le dejó en ese estado.

Adán.—No le va a ocurrir nada.

Eva.—Prefiero que me lo cuente.

Adán.—No es lo mismo, pero en fin, qué se le va a hacer. Verá, estábamos así, ya sabe: atrás y a la derecha. Ella, a mi izquierda; su derecha, en mi bolsillo; mi izquierda, en su pecho izquierdo. Me sigue, ¿no? En esto que empieza el tiroteo, y mi derecha, con la rapidez que la caracteriza, asciende por la cara interior del muslo, decidida a situarse en el centro, cuando... ¡Maldición! ¿Sabe qué pasa?

Eva.—¿Qué pasa?

Adán.—Pues que está ocupado.

Eva.—¿Ocupado?

Adán.—Sí, que está ocupado.

Eva.—¿Cómo ocupado?

Adán.—Pues eso, que está ocupado, que hay otra mano; vamos, que había otra mano.

Eva.—¿Pero cómo que había otra mano?

Adán.—Sí, sí, otra mano. Otra mano que no era mi otra mano, que la habría reconocido. Ni la de ella, porque su mano estaba en mi bolsillo.

Eva.—¿La izquierda de la chica, quizá?

Adán.—No, tampoco.

Eva.—Por cierto, no me dijo qué pasaba con la izquierda de la chica.

Adán.—Es que no hacía nada de particular; se dejaba sobre el brazo de la butaca, así, como quien no quiere la cosa, pues para que se viera alguna mano. Vamos, para que el conjunto no quedara totalmente manco.

Eva.—Bueno, y si no eran las suyas ni las de ella, ¿qué más manos quedan?

Adán.—Ninguna.

Eva.—¿Entonces?

Adán.—Evidentemente, era una mano ajena.

Eva.—¿Pero una mano, cómo? ¿Cómo era la mano?

Adán.—Con pelos.

Eva.—¡Cielo Santo! ¡Y qué ocurrió?

Adán.—Que al verse sorprendida, intentó escapar. Hizo un movimiento rápido, pero la atrapé.

Eva.—Menos mal.

Adán.—La agarré por el dedo gordo.

Eva.—Sí, pero ¿qué pasó?

Adán.—Luchamos.

Eva.—¿Lucharon?

Adán.—Debajo de la falda se produjo un violento forcejeo.

Eva.—Apasionante.

Adán.—Yo... yo... yo no sabía qué pensar.

Eva.—Pues estaba muy claro.

Adán.—Sí, sí, por supuesto. Aquello era una prueba contundente de que me estaba engañando con otro.

Eva.—No se puede pedir más.

Adán.—Porque ella tenía que saberlo. Seguro que lo sabía. Tenía que haberse dado cuenta. De acuerdo que mis manos son muy envolventes; pero vamos, por muy envolventes que sean, yo solo tengo dos manos. *(Pausa.)* Así que allí me tiene, con la mano cogida por el dedo y sin saber qué hacer.

Eva.—¿Cómo sin saber qué hacer?

Adán.—Sí, es que no había nadie.

Eva.—¡No es posible!

Adán.—La butaca de al lado estaba vacía. Atrás no había nadie. Delante no había nadie. El espectador más próximo estaba dos filas por delante. De acuerdo que el que fuera tenía que tener las manos largas, pero no hasta ese extremo.

Eva.—¿Quiere decir que la mano...?

Adán.—Era... como si tuviera vida propia.

Eva.—¿No pretenderá que crea...?

Adán.—Parecía cosa de aparecidos.

Eva.—Pero bueno, es que usted no tiene medida. Intenta uno de fieras y como ve que no cuela, pretende colocármelo de parapsicología.

Adán.—No, no, espere, verá: parecía una mano... pues eso, una mano que casualmente había sorprendido aferrada a mi novia...

Eva.—¿No irá a salirme con que era la mano que aprieta?

Adán.—No se burle. Yo... yo sabía, estaba seguro, que a continuación de la mano tenía que estar todo lo demás. Lo que pasa es que la tenía cogida solo por el dedo, y si se escapaba, ya no podría probarlo.

Eva.—No me diga que necesitaba pruebas.

Adán.—Mire, ya sabe cómo son las mujeres: si no le presento la mano de forma irrefutable, es capaz de salirme con que son figuraciones mías; vamos, que son celos infundados.

Eva.—¡Qué historia!

Adán.—Sí, fue una noche inolvidable.

Eva.—Movidita.

Adán.—Toledana.

Eva.—Y bueno, ¿qué pasó? Porque aquello acabaría como el rosario de la aurora.

Adán.—Después del tiroteo, robaron el banco; el *sheriff* salió a capturar a los bandidos; Gary Cooper fue a pedirle a la chica que huyera con ellos a México... Vamos, pasó más de media película, y allí seguía yo con el dedo cogido.

EVA.—¿Pero por qué no hizo algo, qué sé yo, por qué no lo intentó con la otra mano?

ADÁN.—Es que mi otra mano, la cogió mi novia con su izquierda.

EVA.—Ya.

ADÁN.—Mire, no se puede imaginar las tensiones. Un forcejeo, un debatirse...

EVA.—Me lo imagino.

ADÁN.—Y es que no había solución. Ya me dirá qué otra cosa podía hacer. Así que allí estábamos los tres: mi novia, la mano y yo.

EVA.—Pero su novia, a todo esto, ¿qué decía?

ADÁN.—Estaba muy excitada.

EVA.—Sí, claro, natural.

ADÁN.—Y como llorosa, repetía... repetía continuamente: "Escándalos no, escándalos no. Sigue, sigue, no te cortes". "Escándalos no, escándalos, no. Sigue, sigue, no te cortes".

EVA.—¿No te cortes?

ADÁN.—Me... me masturbaba, seguía masturbándome. Supongo que lo haría para disminuir mi capacidad de reacción.

EVA.—Oiga, es que eran ustedes muy complicados.

ADÁN.—Sí, confieso que la situación era realmente insólita.

EVA.—Aberrante, ¿no?

ADÁN.—Yo no me atrevería a juzgar. Mire, hasta que no se vive, nunca se sabe cómo puede uno reaccionar en una situación así.

EVA.—¿Y usted cómo reaccionó?

Adán.—Pues qué quiere, a mí aquello me excitaba. Daba los masajes con tal precisión que era imposible negarse. Estaba realmente inspirada. Así que durante más de media película seguimos, ella agarrada a mí, y yo agarrado al dichoso dedo. Hasta que de pronto empecé a notar algo raro.

Eva.—¿Algo raro?

Adán.—Sí.

Eva.—¿Quiere decir que además notó algo especialmente raro?

Adán.—Sí, eso es. De pronto, me pareció como... como si se levantara de la butaca, vamos, que se removía.

Eva.—No es para menos.

Adán.—Seguía diciendo: "Escándalos no. Sigue, sigue, no te cortes". Pero la voz le salía gutural. Notaba que le faltaban las fuerzas. Ponía los ojos en blanco y las manos se le aflojaban. Aquello era... aquello estaba claro.

Eva.—Justificado, ¿no?

Adán.—Sí, pero no, porque yo no la estaba manipulando, y la mano tampoco, que la tenía yo cogida. Así que si no era yo, ni era la mano, lo lógico era pensar que había otra mano.

Eva.—Querrá decir la otra mano.

Adán.—Eso mismo pensé yo: la otra mano. Usted lo ha dicho: tenía que ser la otra mano. Así que aprovechando que ella se aflojaba, tiré con fuerza, palpé rápidamente y allí, entrándole por debajo de la butaca, estaba la otra mano.

Eva.—O sea, que había dos manos.

ADÁN.—Como lo oye.

EVA.—¿Ve?, eso me tranquiliza.

ADÁN.—Es que lo tenía cogido por las dos manos. A ver cómo lo negaba. Porque si hay dos manos es que hay un hombre. Vamos, digo yo.

EVA.—Es para sospechar.

ADÁN.—Mientras era una mano sólo, la cosa podía pasar; había un elemento, ahí, desconocido... que... bueno. Pero ya un hombre tocando a mi novia, mientras yo lo tenía cogido por el dedo, vamos, hasta para mí, que siempre he tenido a gala ser una persona muy comprensiva, era algo que no podía tolerar.

EVA.—¿Y qué hizo?

ADÁN.—Reaccioné como un hombre.

EVA.—Bien hecho.

ADÁN.—Me puse en pie y grité: "¡Salga usted de ahí inmediatamente!". Bueno, todo el mundo mirando, un griterío, la gente protestando, cortaron la película, encendieron las luces. "Salga, le digo...".

EVA.—¿Y?

ADÁN.—Y salió. *(Pausa.)* Nunca he comprendido cómo un tío tan grande pudo meterse debajo de la butaca.

EVA.—No me diga más.

ADÁN.—Sí, ya se puede figurar, de un solo golpe me partió contra el respaldo. Y luego, pues eso: la ambulancia, el quirófano, tres meses hospitalizado... En fin, la hecatombe.

EVA.—¿Y su novia?

ADÁN.—Me dejó. Figúrese, ¡encima! Decía que yo era muy celoso; vamos, que no se podía ir así por la vida.

EVA.—No será porque no los cogió con las manos en la masa.

ADÁN.—Eso digo yo.

EVA.—Lo que no entiendo es por qué dice que fue de un solo golpe.

ADÁN.—¿Cree que tenía que haberme dado más?

EVA.—Lo que quiero decir es que no entiendo cómo con un solo golpe le hizo todas esas cicatrices.

ADÁN.—Ah, ya, se refiere a las cicatrices.

EVA.—Sí, las cicatrices.

ADÁN.—*(Reventando.)* Mire, señora, ¡quiere que le diga la verdad? Las cicatrices me las hizo el león.

EVA.—¿Pero qué león? ¿Cómo el león? ¿No habíamos quedado...?

ADÁN.—Señora, yo le cuento la historia que usted quiera, entiendo que necesite... Tengo claro que a las mujeres hay que darles palique. Vamos, que hacen el amor por el oído. Así que de acuerdo, vale, lo admito. Y además eso, que son las reglas del juego. Pero no me investigue, ¿eh? Por favor, no me lo ponga difícil, que llevo una hora rizando el rizo, para que me salga usted ahora con las cicatrices.

EVA.—Es que no le habría costado nada decir que en medio de la pelea, sacó una navaja y le cruzó la cara.

ADÁN.—¿Y la pierna?

EVA.—¿Cómo la pierna?

ADÁN.—Sí, que cómo explico lo de la pierna.

Eva.—Bueno, eso, lo que ha dicho: que del golpe, al caer contra la butaca...

Adán.—No digo la paralítica, digo la que falta.

Eva.—¿La que falta?

Adán.—Sí, la que se comió el león. ¿Qué quiere que le diga, que se la comió el acomodador?

Eva.—O sea, que además es usted cojo.

Adán.—¿Varía en algo la situación?

Eva.—Ya era bastante con que fuera paralítico.

Adán.—Pues ya ve, doble premio para la señora: paralítico y cojo. Paralítico de esta y cojo de esta. ¿Y sabe lo que le digo? Que para lo que ha venido usted a hacer aquí, da lo mismo que una de las dos sea de palo.

Eva.—O las dos, ya puestos. Y si me apura, casi mejor las dos, por simetría.

Adán.—Mire, señora, están como están. Eso es lo que hay, y le guste o no le guste, esta pierna se la comió un león. ¿Sabe? Así que, si quiere acostarse conmigo, se acuesta, y si no, a freír puñetas.

Eva.—Tampoco hay por qué comportarse groseramente.

Adán.—Me comporto como me da la gana.

Eva.—Por favor, no se ponga usted así.

Adán.—¡Olvídeme!

Eva.—Quizás, no sé, quizá tenga razón. Reconozco que he sido un poco tiquismiquis con lo del león. Compréndalo, una cosa así no pasa todos los días.

Adán.—Dígamelo usted a mí.

EVA.—O sea que... vamos, que fue un león.

ADÁN.—¡Pero cómo quiere que se lo diga? ¡Quiere que se lo escenifique?

EVA.—¿Y hace mucho?

ADÁN.—Sí, hace años.

EVA.—En África, claro.

ADÁN.—En Melilla.

EVA.—¿En Melilla? Pero si en Melilla no hay leones.

ADÁN.—¿Cómo que no hay leones?

EVA.—No, no hay.

ADÁN.—¡Pues aquel, desde luego, estaba allí!

EVA.—Tranquilícese, por favor, no se irrite.

ADÁN.—¡Que no me irrite?

EVA.—Reconozca que no es lógico que en un sitio donde no hay leones...

ADÁN.—Tampoco vivo yo allí y sin embargo...

EVA.—Es distinto.

ADÁN.—Vamos, que el león no pudo ir a Melilla.

EVA.—Comprenda...

ADÁN.—¡La tiene tomada con el león! Es que, vamos, ¡es que encima tengo yo que estar defendiendo al león!

EVA.—Pero si le creo, de verdad, le creo.

ADÁN.—Pues para que lo sepa: se escapó del circo. Puede haber circos en Melilla, ¿no?

EVA.—Por supuesto, están en su derecho.

Adán.—Pero claro, ésa no es la historia que usted quiere oír. Mucha sangre, demasiada para pasar a situaciones íntimas.

Eva.—¿Cree que tengo interés en pasar a situaciones íntimas?

Adán.—No se haga la estrecha, que no le va.

Eva.—De estrecha, nada. Soy una mujer liberada, y en cuestiones de sexo no me asusto fácilmente. Aquí donde me ve, yo me he acostado con mujeres.

Adán.—No me diga, qué coincidencia, yo también.

Eva.—Y... y con negros. Yo he hecho el amor con negros.

Adán.—¿Negros, negros? ¿No serían noruegos muy bronceados? Es un timo que se da mucho.

Eva.—De todo. Yo en la cama he hecho de todo...

Adán.—¿Ha probado con el Orfeón Donostiarra?

Eva.—... pero lo que desde luego no pienso hacer es acostarme con un... con un...

Adán.—¿Con un cojo? No me diga que le falta un cojo. ¿Una mujer de mundo como usted y no se ha acostado nunca con un cojo? No lo puedo creer.

Eva.—¡Imbécil!

Adán.—Y si soy imbécil, ¡qué hace que no se marcha?

Eva.—Tiene toda la razón, ¿qué hago que no me marcho?

Adán.—Estoy harto de contar historias aburridas para intentar echar un polvo.

Eva.—Por favor, modérese; le pueden oír.

Adán.—¡Pero quién me va a oír? ¡Eh? ¡Quién me va a oír?

Eva.—*(Sin convicción.)* No sé, alguien.

Adán.—El cojo feo, si quiere joder, tiene que mentir, y si no miente, no jode. ¿Pues sabe lo que le digo? Que me la meneo.

Eva.—Es... es... ¡Es usted odioso!

Adán.—¡Yo odioso? ¡La verdad es odiosa! Y si la historia del cine fuera verdad, usted querría que le contara lo que fuera, cualquier cosa menos la verdad. Es peligroso, peligrosísimo; se empieza hablando de verdades ajenas y acaba uno diciendo sus propias verdades.

Eva.—Vale, déjalo ya.

Adán.—Así que mejor ponerse de acuerdo, y según las reglas del juego, construir una mentira común: imaginación, agilidad, reflejos... ¡Qué divertido! Esto empieza a ser tan imbécil como jugar al bingo o matar marcianos.

Eva.—Pero bueno, ¿es que no puedes hacer las cosas sin darle tantas vueltas a todo?

Adán.—Se ve que no.

Eva.—*(Tras una pausa, recompone la compostura y el usted.)* Entiendo que lo de su pierna sea un pie forzado que le obligue a plantear la cosa, digamos, de un modo inusual, pero de ahí a las empanadas mentales que se organiza...

Adán.—¿Yo, empanadas mentales? ¿Pero se puede saber de quién es todo este invento?

Eva.—No me irás a decir que es cosa mía.

Adán.—¿De quién si no?

Eva.—Yo, como comprenderás, no tengo ninguna necesidad.

Adán.—Ya. Tú solo pretendes ganar tiempo.

Eva.—¿Tiempo, para qué?

Adán.—Sabes bien para qué.

Eva.—No, no entiendo.

Adán.—Es inútil darle más vueltas; le des las vueltas que le des, el final va a ser el mismo. No puede ser otro.

Eva.—*(Descolocada y nerviosa, le recrimina solicitando su complicidad.)* Perdón, no creo que tengamos confianza para tutearnos.

Adán.—Sí, eso es cierto, puede que no tengamos confianza.

Eva.—Además, es usted quien necesita historias.

Adán.—¿Yo? Tú quieres películas.

Eva.—Usted.

Adán.—Bueno, bien, vale; usted, usted quiere películas.

Eva.—Es un modo de pasar la tarde como otro cualquiera. Aunque, cuando había televisión era mejor, porque las películas te las daban ya hechas.

Adán.—¿Y por qué no se reúne con las amigas en la cafetería?

Eva.—*(Opaca.)* Han muerto.

Adán.—¿Todas?

Eva.—Todas.

Adán.—Ya. Y ahora me toca a mí.

Eva.—¿Cómo dice?

Adán.—No, nada, son cosas mías. *(Haciendo un esfuerzo por encontrar conversación.)* ¿Y... cómo fue que recurrió a una agencia de contactos?

Eva.—¿Qué otra cosa podía hacer?

ADÁN.—Sí, claro, visto así...

EVA.—¿Y usted por qué lo hizo?

ADÁN.—¿Yo? Bueno, se me encabritó la virilidad.

EVA.—*(Vuelve a acusar síntomas de mareo.)* Tengo... creo que...

ADÁN.—¿Le pasa algo?

EVA.—A veces me dan náuseas. Necesito... creo que...

Sale con urgencia hacia el servicio. Se oyen ruidos de grifos, arcadas y cisterna. Mientras, ADÁN manipula en la caja de los revólveres. EVA vuelve pálida, despeinada. Se miran en silencio y, tras una pausa larga, ADÁN cierra la caja.

EVA.—¿Qué hacemos?

ADÁN.—*(Inmóvil.)* ¿Te das cuenta? ¿Por qué no acabamos de una vez?

EVA.—Calla.

ADÁN.—¿Por qué no nos matamos?

EVA.—Qué... qué ocurrencias, qué cosas se le ocurren.

ADÁN.—Di, ¿por qué no nos matamos de una maldita vez?

EVA.—Pero, pero ¿quiere callarse? Por favor, ¿quiere callarse? *(Intenta rehacerse.)* Me decía que el león...

ADÁN.—¿Qué león?

EVA.—El león. Fue un león, ¿no?

ADÁN.—¿Qué me dice? ¿Qué me cuenta ahora de un león?

EVA.—Su pierna, recuerde. Fue un león.

ADÁN.—Señora, déjeme de leones. Me cansa todo esto. No me comió la pierna un león, no soy paralítico, no estoy cojo y esto no es una silla de ruedas sino una motocicleta.

EVA.—Déjalo. *(Se sienta.)* Así nunca conseguiremos nada.

ADÁN.—Nunca hemos conseguido nada.

EVA.—Debemos intentarlo.

ADÁN.—¿Para qué?

EVA.—Pero tú... tú quieres intentarlo, ¿no?

ADÁN.—Sabes perfectamente lo que quiero.

EVA.—Sí. *(Pausa.)* Lo sé.

ADÁN.—¿Y tú?

EVA.—No. No sé. O sí, es igual.

ADÁN.—Además, me aburre lo del león. No hay quien se lo crea.

EVA.—Me estaba usted contando lo del Parque del Oeste.

ADÁN.—¿Yo?

EVA.—Sí.

ADÁN.—¿El Parque del Oeste?

EVA.—Me decía... ¿No recuerda? Me estaba contando cuando violaron a su novia.

ADÁN.—¿A mi novia?

EVA.—Sí, la violaron en el parque, ¿no?

ADÁN.—Yo no he dicho que violaran a mi novia, y menos, en el Parque del Oeste.

EVA.—¿Cómo que no? Claro que lo dijo.

ADÁN.—Mire, aquello, más que una violación, fue un consenso.

EVA.—No, pero si no me refiero a lo del cine.

ADÁN.—Sé muy bien lo que dije, y en ningún momento nombré el Parque del Oeste.

EVA.—Pero usted me habló de su novia.

ADÁN.—De mi novia, sí, pero no del Parque del Oeste.

EVA.—Yo juraría...

ADÁN.—Pues no jure y explíqueme cómo es que sabe que a mi novia la violaron en el Parque del Oeste.

EVA.—Luego la violaron.

ADÁN.—Lo intentaron.

EVA.—¿Ve? ¿Se da cuenta como yo sabía algo?

ADÁN.—No, si de que usted lo sabía, ya me había dado cuenta; lo que quiero que me explique es cómo lo sabía.

EVA.—Me lo diría usted; si no, ¿cómo iba a averiguarlo?

ADÁN.—Justo eso es lo que quiero saber, porque yo no se lo dije. ¿No estaría usted allí, por casualidad?

EVA.—Esas cosas se hacen sin testigos.

ADÁN.—¿Sin testigos? ¿Y por qué sin testigos?

EVA.—Lo normal en estos casos...

ADÁN.—¿Lo normal? ¿Qué es lo normal? ¿Sabría distinguir entre una violación normal y una violación anormal? Mire, a ver si somos serios. ¿Qué sabe usted de violaciones? ¿La han violado alguna vez?

EVA.—No. Bueno, tampoco es que tenga demasiado interés. De pequeña me hacía ilusión, pero ahora ya, no creo que me interese demasiado. Como comprenderá, si yo quisiera, tendría violaciones, así *(gesticula.)* Pero qué quiere, prefiero aventuras... no sé, más tranquilas. Supongo que deben ser cosas de la edad.

ADÁN.—Sí, supongo que esto que nos pasa deben ser cosas de la edad.

EVA.—¿Usted ha violado alguna vez?

ADÁN.—No, vamos, no que yo recuerde.

EVA.—¿Le haría ilusión?

ADÁN.—No, no creo.

EVA.—¿No le haría ilusión violarme?

ADÁN.—No sé, no me veo; así, con la silla de ruedas... Además, cada cosa requiere sus capacidades. Lo mío es la seducción; una violación, pues no sé, no quedaría convincente.

EVA.—Podríamos empezar ya en el suelo, forcejeando. Usted es fuerte, vamos, que me reduciría con facilidad.

ADÁN.—Déjelo, no resultaría.

EVA.—¿Pero por qué?

ADÁN.—Pues porque no. Mire, prefiero contarle la historia del león.

EVA.—Venga, hombre, anímese, no sea aguafiestas.

ADÁN.—Además, no cambie de conversación. Usted sabía lo del Parque del Oeste.

EVA.—¿Qué más da? Deje eso ahora.

ADÁN.—Pero lo sabía.

EVA.—Sí, bueno, lo sabía.

ADÁN.—¿Quién se lo dijo?

Eva.—Una amiga. Me lo dijo una amiga.

Adán.—¿Una amiga?

Eva.—Sí, una amiga a la que usted se lo contó.

Adán.—Luego venía mandada por una amiga.

Eva.—Sí, pero ¿qué importa eso?

Adán.—O sea, que traía referencias.

Eva.—¿Pero por qué no seguimos con lo de la violación?

Adán.—Sabía que era cojo. Ahora resulta que sabía que era cojo y estaba haciéndose de nuevas.

Eva.—Bueno, sí, lo sabía; pero es que mi amiga me dijo que era usted un poco cojo, pero no tanto.

Adán.—Además, ¿cómo que se lo dijo una amiga? ¿Qué amiga? ¿No han muerto todas sus amigas?

Eva.—Me lo dijo antes de morir.

Adán.—¿Antes de morir?

Eva.—Sí, antes de morir.

Adán.—En su lecho de muerte.

Eva.—Sí.

Adán.—Como si lo estuviera viendo: "Hay un cojo al que le violaron la novia en el Parque del Oeste que funciona que te mueres", y ya en los últimos estertores: "Toma, toma la dirección, es un cojo estupendo, disfrútalo a mi salud". Y murió. ¡Eso es una amiga!

Eva.—Venga, no seas tonto. Lo de la violación me estaba excitando, no lo eches a perder.

Adán.—Pero, pero ¿cómo una violación?

EVA.—Usted me toma por las muñecas y me tira; me tira al tiempo que se arroja sobre mí.

ADÁN.—No, no es mi estilo.

EVA.—Yo grito, grito desesperadamente.

ADÁN.—Vendrían los vecinos.

EVA.—¿Pero qué vecinos?

ADÁN.—Los que vendrían... si los hubiera.

EVA.—Sería... sería estupendo. Los vecinos golpeando la puerta y usted arrancándome la ropa salvajemente. *(Materialmente sobre él.)*

ADÁN.—Pero bueno, por favor, contrólese.

EVA.—Usted me coge así para que no grite, mientras con la otra me golpea sin piedad.

ADÁN.—No, no tengo... no tengo ningún interés en golpearla. ¡Lo mío es la conversación!

EVA.—Yo, yo, yo... yo me resisto, grito, pataleo.

ADÁN.—¿Pero qué necesidad...?

EVA.—Usted me retuerce, me descoyunta.

ADÁN.—Oiga, no, mire, no insista. Es inútil, eso no puede funcionar.

EVA.—Pero si es apasionante.

ADÁN.—Que no, que lo sé que no.

EVA.—¿Es que no le excita?

ADÁN.—¿Pero cómo va a excitarme?

EVA.—Usted se hinca hasta el fondo mientras yo le muerdo y le araño...

ADÁN.—Pero no sea tonta. ¿Es que está loca?

Eva.—... y le muerdo y le araño.

Adán.—Mire, que no, no se empeñe, que a mí si me muerde y me araña se me afloja; que lo sé, seguro que se me afloja.

Eva.—¿Y la pasión? ¿Y el deseo?

Adán.—¿Qué deseo?

Eva.—Vióleme, ¿a qué espera?

Adán.—Lo... lo siento, no cuente conmigo.

Eva.—¡No sea cenizo!

Adán.—Además, si nos revolcamos así, de cualquier manera, puede hacerse daño con la pata de palo.

Eva.—Me excita su pata de palo.

Adán.—A usted, por lo visto, cuando se excita, es que le excita cualquier cosa.

Eva.—Qué quiere, me excita.

Adán.—Es... es demasiado.

Eva.—No lo puedo evitar. Me excita. Me excita muchísimo. Tan dura, tan... tan tiesa.

Adán.—Excitarse con una pata de palo, seguro que es inmoral.

Eva.—Necesito ver su pata de palo.

Adán.—¡Cómo?

Eva.—*(En el suelo, cogida a sus pantalones.)* Bájeselos, que se la vea.

Adán.—*(Resistiéndose.)* Ah, no, no, no, eso sí que no.

Eva.—*(Forcejeando.)* Pero no se resista, si... si es sólo un momento.

Adán.—Deje, deje en paz mis pantalones.

EVA.—Un momento, me la enseña un momento y se los vuelve a poner.

ADÁN.—No, no quiero, no me gusta.

EVA.—*(Tirando.)* Pero si no pasa nada.

ADÁN.—*(Sujetándoselos.)* ¿Será posible?

EVA.—Pero relájate, no estés tenso.

ADÁN.—¿Que... que no esté tenso? ¿Cómo que no esté tenso? ¡¡Es que no quiero!!

EVA.—¡Pero por qué?

ADÁN.—¡Pues porque no!

EVA.—*(Extremando el forcejeo por quitárselos.)* Un momento, venga, anda, yo te ayudo.

ADÁN.—Basta, ¡eh? ¡¡Basta ya!!

EVA.—Vale, vale, bueno, como quieras.

ADÁN.—No quiero, ¿no? ¡Pues ya está!

EVA.—Tampoco es para ponerse así.

ADÁN.—¡Manía!

EVA.—No sé qué importancia tiene.

ADÁN.—Pues no la tendrá, pero no me gusta. No voy a estar, ahí... enseñándosela a la primera que... Son cosas íntimas.

EVA.—Estamos aquí para eso, ¿no? Para satisfacer nuestros deseos. No sé a qué vienen ahora esos pudores.

ADÁN.—Sí, pero deseos normales. Hay cosas que no se pueden hacer ni... ni... ni... ni cobrando.

EVA.—¿Cobrando? ¿Estaría dispuesto a dejarse pagar?

ADÁN.—No. Bueno... sí; depende.

Eva.—¿Depende de qué?

Adán.—De la cantidad, por supuesto.

Eva.—¿Y eso?

Adán.—Uh... Me excita.

Eva.—Pero usted dijo que lo que le excitaba era pagar.

Adán.—Pagar o que me paguen, qué más da; lo que me excita es que medie el dinero.

Eva.—Si eso facilita las cosas, estoy dispuesta a pagar.

Adán.—¿Cuánto?

Eva.—No sé, treinta euros.

Adán.—¿Treinta euros? Por treinta euros no se enseña ya ni una pata de carne natural.

Eva.—Pues no sé, ¿qué quiere?

Adán.—Tres mil.

Eva.—Bueno, ¡ya estamos!

Adán.—¿Qué pasa? Tres mil es una cantidad razonable, qué menos.

Eva.—*(Con rabieta.)* Es que siempre es lo mismo: yo treinta y tú tres mil.

Adán.—Qué más dará. A ver si nos va a importar ahora el dinero.

Eva.—No importará, pero siempre estamos igual; queda una como una esquinera y tú te pones de seductor internacional.

Adán.—Vale, vale, como quiera, lo dejamos en treinta. Si es por eso, treinta euros y no se hable más.

Eva.—*(Refunfuñando.)* De acuerdo.

Adán.—El pago, por adelantado.

Eva.—¿No se fía?

Adán.—Usted lo dijo, excita más.

Eva.—*(Toma el dinero del bolso.)* A veces hablo demasiado. *(Se lo da.)*

Adán.—*(Guardándoselo.)* Le advierto que es precio de oferta.

Suena la alarma, rompiendo de nuevo la situación.

Eva.—Me pone nerviosa. Me descoloca. ¿Pero por qué no la quitas?

Adán.—Déjalo, no volvamos a lo mismo.

Eva.—No puedo excitarme con eso ahí sonando. Además, cada vez se dispara antes.

Adán.—*(Quita la alarma.)* Bueno, ya está. Cuando tiene baja la batería, se ve que no funciona bien el programador.

Eva.—¿Qué más da que se adelante o no? Siempre me sobresalta.

Adán.—Debería reforzarla con otra placa solar.

Eva.—Lo que tienes que hacer es quitarla. Es... es absurdo. Tienes que quitarte esa idea absurda de la cabeza.

Adán.—¿Absurda? Yo la encuentro divertida.

Eva.—A veces tienes cosas de niño. O de loco.

Adán.—Mejor de niño, ¿no? O no, mejor de loco.

Eva.—No te lo tomes a broma.

Adán.—Río por no llorar.

Eva.—No puedes seguir... No podemos seguir obsesionados con esa idea.

Adán.—¿Tienes otra mejor?

Eva.—Tengo miedo.

Adán.—No pienses en eso ahora.

Eva.—*(Rompe a llorar.)* Es inútil.

Adán.—*(Acariciándola.)* Venga, deja, no vayamos a enfriarnos ahora.

Eva.—*(Rehaciéndose.)* Sí, no vayamos a enfriarnos.

Adán.—¿Pasamos al dormitorio o prefiere la silla?

Eva.—Donde usted diga, usted es el experto.

Suena de nuevo la alarma.

Eva.—¡Maldito cuervo! ¡Timbre de mal agüero! Luego no digas que no se ha disparado antes de tiempo.

Adán.—*(Desconectándola.)* Sí, sí, de acuerdo, está mal.

Eva.—Pero cómo quieres que me excite con ese artefacto ahí, gritando como un alma en pena.

Adán.—Pues no se va a quitar.

Eva.—Es... es de locos.

Adán.—Me da igual, me da exactamente igual; te pongas como te pongas, ese cacharro va a seguir ahí.

Eva.—Lo que hay que hacer es dejar de una vez este juego absurdo.

Adán.—¿Qué juego? ¿Quién está jugando?

Eva.—Tienes razón, ¿qué juego? Esto es una pesadilla.

Adán.—Si quieres, acabamos; nos pegamos cuatro tiros y acabamos de una maldita vez.

Eva.—Habrá otra solución.

Adán.—No la hay.

Eva.—Algo se podrá hacer.

Adán.—¿Sí? ¿Qué?

Eva.—Algo.

Adán.—¿Qué otra cosa se puede hacer? ¿Se puede saber qué es lo que quieres que hagamos?

Eva.—Pues algo, qué sé yo, cualquier cosa.

Adán.—Óyeme bien lo que te digo: no hay salida. Entiéndelo de una vez por todas: no hay solución. Y si seguimos aquí, intentándolo hasta el final, es solo por eso, por intentarlo hasta el final.

Eva.—Pero antes te excitaste.

Adán.—¿Que me excité?

Eva.—No lo irás a negar.

Adán.—Por supuesto que lo niego.

Eva.—Ah, no, no, no, tú sabes que no. Cuando metí la mano...

Adán.—¿Pero qué pretendes?

Eva.—Estabas duro, ¿no?

Adán.—Estoy harto de que me masturbes la hernia.

Eva.—¿Insinúas?, ¿estás insinuando...?

Adán.—Lo estoy afirmando.

Eva.—Pero tenemos que excitarnos. ¿Es que no crees que podamos excitarnos?

Adán.—Creo en la resurrección de la carne, pero no hasta ese extremo.

Eva.—Calla, por favor, calla.

Adán.—No hay placer, no hay deseo, no podemos tener hijos... ¿Entonces, para qué?, ¿para qué quieres seguir viviendo?

Eva.—Todo esto es una locura.

Adán.—¿Ahora te das cuenta?

Eva.—¿Pero qué es lo que quieres?

Adán.—Morirme. Está muy claro. Echar un polvo y morirme.

Eva.—Esa obsesión tuya no tiene sentido.

Adán.—Pues para mí es lo único que tiene sentido. Fornicar y morirse son las dos únicas cosas serias que se pueden hacer en esta puta vida.

Eva.—¿Quieres dejar de decir tonterías?

Adán.—Nada me gustaría más que morir fornicando.

Eva.—Pero si no puedes.

Adán.—O morir en una postura obscena, qué más da. Haciendo de vientre, como sea, pero morir molestando.

Eva.—¿Molestando a quién?

Adán.—Qué sé yo, molestando, en general.

Eva.—Cada día estás peor de la cabeza; a mí todo esto me ha hecho polvo el estómago, pero a ti se ve que te está destrozando la sesera.

Adán.—No lo vamos a conseguir. Lo tengo clarísimo. Nunca tuve las ideas tan claras; pocas, pero claras.

Eva.—¿Pero cómo quieres que nos excitemos si cada día lo hacemos peor? Ya, hasta en las historias te equivocas.

Adán.—¿Que me equivoco?

Eva.—La película que decías no era de Gary Cooper, sino del actor ese, rubio, bajito, que nunca me acuerdo cómo se llama.

Adán.—Qué más dará.

Eva.—Nos hacemos un lío. No... no puedo seguirte, no sé cuándo te equivocas para que te coja, o cuándo dices lo primero que se te ocurre de puro aburrimiento. Quizás llevemos demasiado tiempo con lo mismo. Podríamos intentar historias nuevas.

Adán.—No creo que sirva para nada. Pero bueno, dame el periódico a ver si se nos ocurre algo.

Eva.—*(Hace un gesto de dolor.)* ¡Mierda!

Adán.—¿Qué te pasa?

Eva.—La mano. Me están dando calambres.

Adán.—No será que no te lo dije: esa mano había que haberla cortado, y cuanto más tarde se corte va a ser peor.

Eva.—No quiero morirme a pedazos. Me niego a morirme a pedazos.

Adán.—Acuérdate de lo que decías cuando hubo que cortar la pierna.

Eva.—No soporto el dolor. *(Va al botiquín y toma pastillas.)*

Adán.—*(Mirando el periódico.)* Mira esto, ¿no querías historias nuevas?: "Mata a su amante y se la come a la brasa". ¿Cómo es que no vimos una noticia así?

Eva.—No me divierte.

Adán.—¿Sabes que comerse los sesos de la pareja es un fuerte afrodisiaco?

Eva.—Por favor, habla alguna vez en serio.

Adán.—Estoy hablando en serio.

Eva.—Necesito dormir. ¿Por qué no quitas la alarma y dormimos un rato?

Adán.—No.

Eva.—Pero, ¿por qué?

Adán.—Lo sabes muy bien. No vamos a quitar la alarma, ni a dormir, ni a seguir engañándonos.

Eva.—Yo hago lo que tú quieras, pero es una locura. No podemos seguir esta locura hasta el final.

Adán.—¿A qué esperar más?

EVA.—Si hemos llegado hasta aquí, si hemos sobrevivido, es por algo, para dar testimonio de algo.

ADÁN.—Sí, para dar testimonio de que hemos sobrevivido. Mira tú por dónde no tenemos otra cosa en qué pensar más que en dar testimonio.

EVA.—Tenemos que intentarlo.

ADÁN.—No lo compliques más, es mejor dejar las cosas como están.

EVA.—Necesitamos algo que nos sobreviva.

ADÁN.—No te preocupes, la alarma nos sobrevivirá.

EVA.—Quiero un hijo, quiero tener un hijo; no que me sobreviva un timbre.

ADÁN.—Estamos esterilizados.

EVA.—No estamos esterilizados.

ADÁN.—Todo está esterilizado. El mundo es estéril, así que confórmate con una alarma. Mira, lo peor que puede ocurrir es que cuando los marcianos vean pasar la Tierra, piensen que es una ambulancia.

EVA.—No sé cómo puedes bromear con una cosa así.

ADÁN.—¿Qué quieres?

EVA.—Me parece una broma macabra.

ADÁN.—Lo es.

EVA.—No debimos salir del refugio.

ADÁN.—Ni entrar; lo que tuvimos que hacer fue no entrar.

EVA.—Si no hubiéramos salido, puede que todavía estuviéramos bien.

ADÁN.—Y si no hubiéramos entrado, no tendríamos que haber salido.

EVA.—En el refugio, puede, incluso, que hubiéramos tenido hijos.

ADÁN.—Dejémoslo ya. Si no podemos excitarnos, hagamos como si nos excitáramos y acabemos de una maldita vez.

EVA.—Pero... no... no hagamos locuras.

ADÁN.—Súbete la falda. *(Desmonta los brazos de la silla de ruedas.)*

EVA.—¿Qué vas a hacer? ¿Qué quieres hacer?

ADÁN.—Súbete la falda y siéntate sobre mí.

EVA.—Pero... pero si no estoy excitada.

ADÁN.—Pues haz como si lo estuvieras.

EVA.—¿Por qué no seguimos intentándolo? Trae *(coge el periódico)*, tiene que haber algo con lo que podamos excitarnos.

ADÁN.—Es inútil.

EVA.—Llevamos meses así, ¿por qué no lo intentamos aunque solo sea una semana más?

ADÁN.—Nunca más.

EVA.—Podemos intentar el de la maestra que seducía a sus alumnas.

ADÁN.—¿Yo qué hago, de maestra o de colegiala?

EVA.—*(Destrozando el periódico.)* Tiene que haber algo que nos excite.

ADÁN.—¿Por qué no lo aceptas de una maldita vez?

EVA.—Tenemos que intentarlo.

ADÁN.—Lo hemos intentado todo.

EVA.—Tenemos que intentarlo hasta el final.

ADÁN.—Esto es el final.

EVA.—No.

ADÁN.—Si no es posible excitarse, lo que hay que hacer es fingir.

Eva.—¿Es que no lo entiendes? Quiero tener un hijo. *(Rompe a llorar.)* ¡Quiero tener un hijo!

Adán.—Lo entiendo, y no es posible. ¡Lo entiendes tú? ¡No es posible!

Eva.—Una semana más.

Adán.—Pero ¿para qué soportar más dolores? ¿Para qué seguir despedazándonos? ¿Quieres acabar mutilada como yo?

Eva.—Solo una más.

Adán.—El final va a ser el mismo.

Eva.—Nunca se sabe lo que puede ocurrir.

Adán.—Ya, mientras hay vida hay esperanza.

Eva.—Puede ocurrir un milagro.

Adán.—No empecemos.

Eva.—Si Dios quiere, puede hacer un milagro. Seguro que cuando menos lo esperemos, el día menos pensado...

Adán.—¿Y por qué no lo hace hoy? ¡A qué espera? ¡Nos está haciendo una prueba?

Eva.—Él lo puede hacer, está en su mano; si él quiere, puedo quedar embarazada.

Adán.—Sí, ya, concebir por obra y gracia del Espíritu Santo. Mira, yo no sé si tú te ves de Virgen María, pero lo que es yo, no me veo en absoluto de San José.

Eva.—No blasfemes.

Adán.—No creo que nadie pueda ofenderse porque yo no me vea de San José.

Eva.—Lo que pasa es que no tienes temor de Dios.

Adán.—¿Que no tengo temor de Dios? Te equivocas; es más, me aterra. Figúrate si en la situación en la que estamos, se le ocurre mandarnos un castigo divino. Primero una catástrofe mundial y luego un castigo divino. ¡Pues menuda vejez que nos espera!

Eva.—Todo lo que nos pasa nos lo tenemos merecido.

Adán.—No sabes lo que me tranquiliza.

Eva.—¿Pero es que no te sientes culpable?

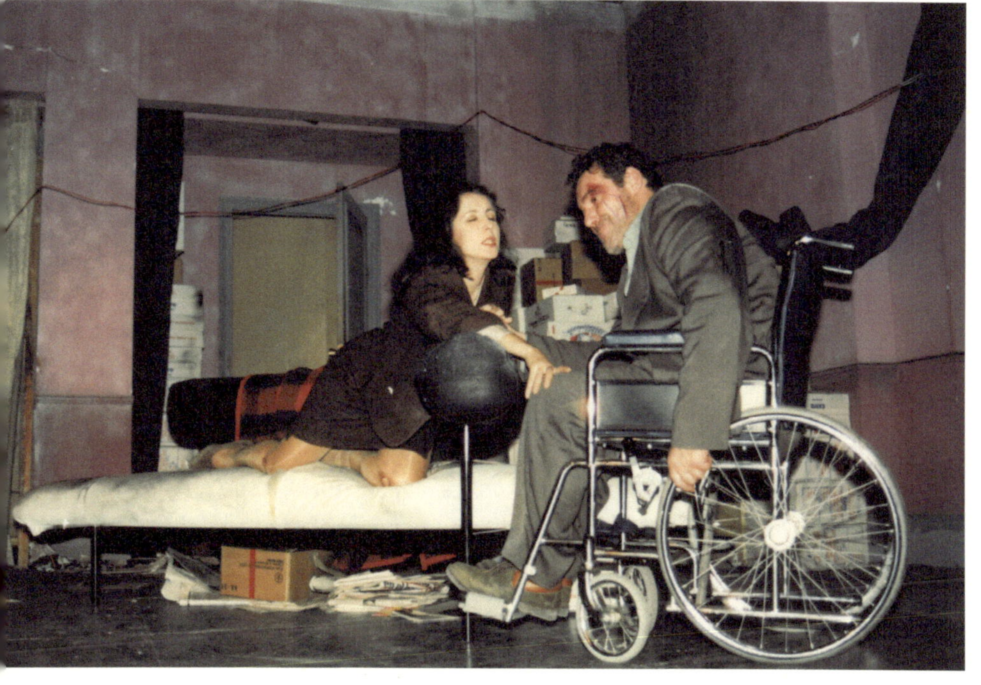

Adán.—¿Culpable? ¿De qué?

Eva.—De todo: de la destrucción, del fin.

Adán.—Pues claro, por supuesto, claro que me siento culpable, lo que más me gusta de todo esto es sentirme culpable. Ser culpable de una cosa así da prestigio.

Eva.—No se puede hablar contigo.

Adán.—Lo malo es si resulta que ni siquiera somos culpables, si resulta que solo somos imbéciles.

Eva.—Aún podemos rehacer nuestras vidas.

Adán.—*(Con un gesto que abarca el panorama.)* No seas ingenua.

Eva.—*(Con temor.)* Podemos arrepentirnos.

Adán.—*(Salta.)* ¡Arrepentirnos? Ya es tarde para arrepentimientos. Ahora, a reventar.

Eva.—No.

Adán.—Súbete.

Eva.—No, por favor.

Adán.—Álzate la falda y súbete.

Eva.—Pero... pero si no estoy excitada.

Adán.—Pues haces como si lo estuvieras.

Eva.—No, aún no, vamos a intentarlo un día más, solo un día más.

Adán.—*(Toma la caja que hay sobre el escritorio y saca los revólveres.)* Acabemos de una vez.

Eva.—*(Retrocede.)* No, no. No puedo.

Adán.—*(Ofreciéndole uno de ellos.)* Toma.

Eva.—No. No. Tengo miedo.

Adán.—Súbete.

Eva.—Es que no puedo.

Adán.—Súbete y finge.

EVA.—No puedo. No puedo. *(Rompe a llorar.)* Te quiero.

ADÁN.—No lo hagas más difícil.

EVA.—Tengo miedo.

ADÁN.—*(Tomándola por la muñeca la fuerza a subirse.)* Sube ya de una vez.

EVA.—Creo que voy a vomitar.

ADÁN.—Pues vomita, pero no te detengas.

EVA.—No me hagas daño.

ADÁN.—No va a doler.

EVA.—Por favor, no me hagas daño.

ADÁN.—Dolerá menos que si tuvieras que cortarte la mano.

EVA.—¿Qué quieres que haga?

ADÁN.—Goza. *(Le da la pistola.)*

EVA.—¿Pero cómo? Si no puedo, si es que no puedo.

ADÁN.—Pues jadea. Muévete y jadea como cuando gozábamos.

EVA.—Esto es una locura. Una locura.

ADÁN.—Jadea, por el amor de Dios, jadea.

EVA.—*(Jadeando.)* ¿Así... así?

ADÁN.—Sigue.

EVA.—Te quiero.

ADÁN.—Dispara.

EVA.—No.

ADÁN.—Dispara.

EVA.—Hazlo tú si quieres

ADÁN.—Dispara. ¿A qué esperas?

EVA.—No puedo.

ADÁN.—Tú primero. Dispara tú primero.

EVA.—No puedo. No puedo. ¡No puedo!

ADÁN.—No pares ahora, no pares.

EVA.—No me excita. *(Llorando.)*

ADÁN.—Jadea, no te detengas.

EVA.—¡Pero cómo quieres que me excite?

ADÁN.—¡Maldita sea! Jadea y dispara de una vez. *(Toma la mano de ella y, apretando el revólver contra su cintura, fuerza el disparo. Fuerte sacudida, se contrae.)*

EVA.—*(Gutural.)* ¡No! ¡No! *(Le abraza.)* ¿Qué has hecho? *(Llorando.)* ¿Qué has hecho?

ADÁN.—Acabar.

EVA.—Maldita historia.

ADÁN.—Yo... yo también te quiero. *(Y mientras la besa, un segundo disparo hace caer a* EVA *de espaldas, quedando entrelazados en una extraña postura de sexo.)*

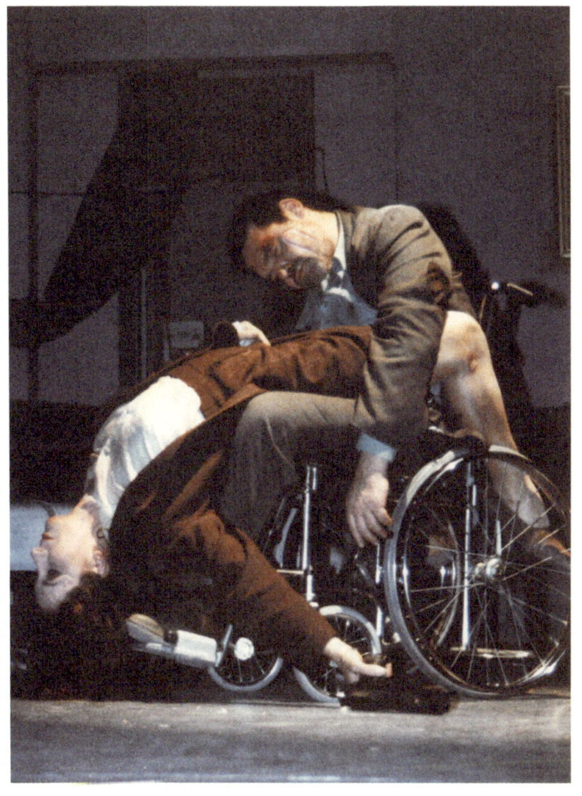

La alarma, gritando como un grajo, atruena la sala, mientras se hace el oscuro.

Programas de mano

La desigual duración de la comedia y la tragedia en esta tragicomedia me llevó a pensar en la conveniencia de prolongar la representación con los contenidos de un periódico que el espectador se llevara a casa. Porque la tragedia subyace bajo la apariencia intranscendente de la obra, pero es solo al final cuando se explicita, con el riesgo de que, acabada la representación, el público se evada una vez más y, evitando toda reflexión, vuelva a la zona de confort que las sociedades de corte consumistas necesitan y propician.

Ese fue el motivo de que hiciéramos dos programas de mano. Uno, el que entregábamos a la entrada: un tarjetón con la imagen promocional y el elenco; y otro, el que se repartía a la salida: un periódico en el que se ampliaban los contenidos de un programa convencional con entrevistas, biografías y autocrítica, junto a noticias enmarcadas en las secciones habituales de un diario: portada, editorial, sucesos, sociedad, anuncios por palabras... Se trataba, pues, de crear un periódico lo más convincente posible que, con el pretexto de ser programa de mano, fuera igualmente parte del discurso dramático. (De hecho, los personajes lo consultan en escena cuando buscan noticias con las que excitarse). Para que tanto la estructura como su redacción se atuvieran a los códigos del medio, conté con la colaboración de Lola Lara, periodista y amiga, muy vinculada al teatro por distintas vías. Y este fue el resultado:

Bajo la cabecera, en la que se recupera el título original de la obra: *De la realidad contemporánea*, la noticia a tres columnas del acuerdo alcanzado para el desarme nuclear va junto al editorial en el que se celebra que *No habrá guerra de Troya*. Los que conozcan la obra de Giraudoux recordarán que un hecho tan fortuito como la caída de una maceta desencadenará fatalmente el conflicto bélico. El anuncio situado a pie de página contiene la información esencial de todo programa de mano: título, imagen y elenco.

En las páginas segunda y tercera se publican entrevistas a Lola Mateo y Ángel de Andrés López, intérpretes de la obra, seguidas de breves notas biográficas. Y en los faldones de ambas páginas, anuncios de las empresas que nos facilitaron el tabaco y los alimentos (conservas caducadas) que se amontonaban en escena; no así de la farmacia que nos donó los envases de los medicamentos, pues prefirió que no se la citara. Las armas (reales y simuladas) se compraron.

La cuarta, la ocupa una autoentrevista (género que he utilizado en alguna que otra ocasión) en la que bajo el título NUNCA MÁS, y después de alardear sobre "lo que sea" con una actitud contestataria muy de la época, concluyo manifestando mi deseo de no volver a hacer teatro. Una decisión recurrente que toma, tras el estreno, todo el que lleva adelante un proyecto teatral especialmente conflictivo (este lo fue) y que generalmente se olvida en cuanto surge una nueva oportunidad de hacer teatro.

En la quinta, emulando (y parodiando a un tiempo) las autocríticas que, hasta hacía unos años, los autores solíamos publicar en el *ABC* el día del estreno, como ya anticipa el título del artículo: CURÁNDOME EN SALUD, digo de mí y de mi obra todo lo peor que se me ocurre antes de que lo digan otros; que sobre todo puede argumentarse lo uno y lo contario. Y para sofista, yo. Completa la página una nota de sociedad igualmente satírica y obviamente inventada; y a modo de anuncio, vuelve a insertarse la imagen, título y elenco del programa, con la incorporación de la ficha técnica.

En la sexta, la sección de *Sucesos* da tres noticias que los personajes, tras leerlas en un ejemplar de este periódico (presente en escena), utilizan, con mejor o peor fortuna, para tratar de erotizarse. En el faldón de esta página se anuncia la empresa que nos instaló el dispositivo de seguridad cuya alarma se dispara reiteradamente en el transcurso de la representación.

En la séptima, *Anuncios por palabras* (sección clave que justifica sobradamente la invención de este periódico) se incluye, en la sección de Relax, la inserción a partir de la cual se pone en marcha esta ficción dramática.

Y por último, en la octava se publican las notas biográficas de los diseñadores del vestuario y de los muebles (*M.O.R.sillon, M.O.R.sillita y Entremanos*), con el anuncio de las empresas que nos los facilitaron.

Como resulta más que evidente, la función de esta publicación excede con mucho la de un programa de mano convencional, pues entra a formar parte del discurso de la obra explicitando la motivación en los artículos de portada, ilustrando la acción con las secciones de sucesos y de anuncios por palabras, y añadiendo un nuevo matiz al resaltar que el entorno destruido que presenciamos es el de una sociedad que tuvo en el diseño y el lujo una de sus más distintivas señas de identidad.

• • •

De este programa-periódico se transcriben a continuación los contenidos menos coyunturales, ilustrados con la reproducción fotográfica de sus páginas.

Sala del Mirador

Dr. Fourquet, 31 - Tel. 239 57 67

LAVAPIES

TALLER DE TEATRO

presenta a

ANGEL DE ANDRES LOPEZ

y

LOLA MATEO

en

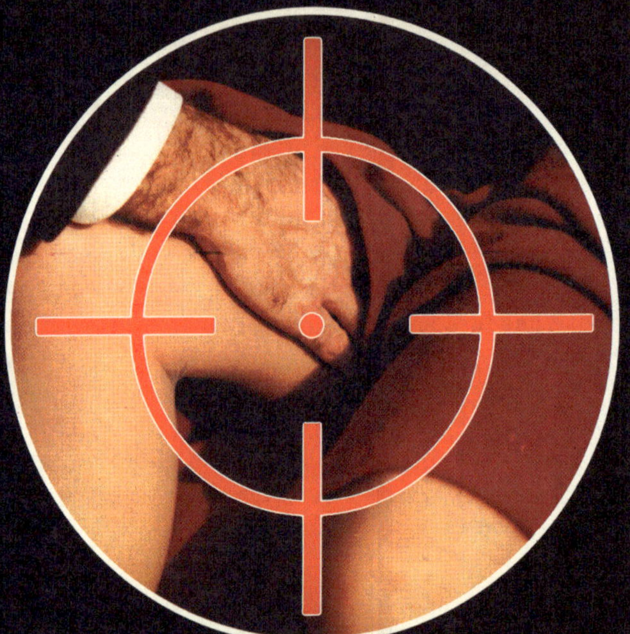

ENTRANDO EN CALOR

de

JESUS CAMPOS GARCIA

De la realidad contemporáneA

DIARIO DE LA NOCHE

EDITORIAL

No habrá guerra de Troya

Un suspiro de alivio ha relajado las cancillerías de todo el mundo. Como en el título de la obra de Giraudoux, puede afirmarse que *No habrá guerra de Troya.* Y todo pudo quedar en nada. Hace sólo veinticuatro horas, se salvó el último escollo; la redacción de una de las cláusulas adicionales puso en peligro, por razones de *estilo*, la culminación del acuerdo de mayor trascendencia en la historia de la humanidad. Sobre la mesa estaba en juego la destrucción de todo el arsenal nuclear, químico y bacteriológico; se apostó contra la muerte y se ha vencido. Superadas las barreras gramaticales, al fin, se ha firmado la vida. Es la victoria de la razón sobre la demencia.

Cuando hace años, en el atolón de Mururóa, y a consecuencia de las radiaciones producidas por unas pruebas nucleares, una rara especie de chinches sufrió malformaciones genéticas que alteraron sus órganos genitales, hasta el extremo de que las hembras nacían sin vagina; el riesgo de extinción convulsionó sus comportamiento sexuales hasta el extremo de que los machos las penetraban por cualquier lugar de su cuerpo, luchando los espermatozoides por abrirse camino a través del organismo, en un intento desesperado de perpetuar la especie. Esta estremecedora anécdota, ocurrida por los efectos de una prueba nuclear realizada bajo control, viene ahora a la memoria como el flash de un futuro felizmente imposible.

Despejado el horizonte con la firma de este tratado, alejemos de nuestra mente toda imagen catastrofista y unámonos al clamor que aún vitorea en las calles de todas las ciudades del mundo, festejando de forma espontánea el fin de una época en la que la amenaza de exterminio ha desquiciado de modo alarmante las relaciones humanas. Que así sea.

Firmado un acuerdo de desarme total entre las dos potencias

La paz mundial ya es posible

Moscú/Washington/Ginebra.—Tras seis días de conversaciones ininterrumpidas, una actividad diplomática sin precedentes en nuestra era y un intercambio de más de un centenar de documentos para firmar entre las dos potencias; en la madrugada de hoy se ha hecho posible la paz mundial.

Eran exactamente las 2.17 horas de hoy en España cuando ocurría el acontecimiento: los presidentes de la Unión Soviética y de los Estados Unidos, Nikolai Serviev y John Fisher, respectivamente, lograban el acuerdo de desarme estampando sus firmas en sendos documentos de más de once páginas de extensión.

Esta imagen nunca más será posible

Con tales rúbricas, los dos países se comprometen a la total destrucción de sus respectivos arsenales nucleares, químicos y bacteriológicos, en un plazo de cinco años. Una palabra, la elección entre los vocablos *total* o *general*, a punto estuvo de tirar por la borda los acuerdos de los últimos días. Se trataba de dilucidar si al sustantivo *desarme* le seguiría el calificativo *total* o el de *general.* Una cuestión nimia que escondía otra más grave: Estados Unidos no estaba dispuesto a contabilizar entre sus arsenales, los laboratorios de armas químicas distribuidos en territorio de djversos países latinoamericanos, con el primer objetivo de combatir el narcotráfico; en cuyo caso, la Unión Soviética dejaba fuera de su recuento el despliegue de misiles de largo alcance realizado en Oriente Medio.

Hizo falta la mediación del presidente de la ONU, Gonzalo Cifuentes, y del de la Comunidad Europea, Lucio Persi, para que el asunto no pusiera fin a las conversaciones de desarme. Tras una entrevista de más de dos horas, entre los cuatro mandatarios —en la que tan sólo se permitió la presencia de los intérpretes, contrariamente a lo sucedido en anteriores encuentros, en los que habían participado ministros de ambas partes y secretarios de Estado— se superó la divergencia. El desarme será total y en el recuento de uno y otro arsenales entrarán ambos bloques de armas.

La Organización de las Naciones Unidas será el organismo internacional encargado de velar por el cumplimiento de tales acuerdos; aunque en la redacción del documento final se contempla la posibilidad de que la ONU «invite» a terceros países a participar en las tareas de supervisión y fiscalización del desarme.

Ginebra, la ciudad donde se han venido desarrollando las conversaciones, ha pasado desde hoy a la Historia, de la mano del que, sin duda, es uno de los mayores logros políticos de todos los tiempos. Sus habitantes salieron a las calles, en una inmediata explosión de alegría; precedente —no es muy aventurado decirlo— de la que hoy vivirá el mundo entero.

SUMARIO

Lola Mateo

Actriz, en el papel de Eva

«El método es mi herramienta de trabajo»

Fue por casualidad; llegada a Madrid para licenciarse en Filosofía y letras, se apuntó al grupo de teatro universitario hasta que un profesor «le echó el ojo» —como ella gusta contar— y la encaminó hacia la escuela del TEI, donde impartía clases Layton; le faltaban dos años para acabar la carrera. «El caso es que me metí ahí, al principio como un juego, como cuando era niña, y sentía que me potenciaba y me ayudaba a sacar fuera muchas cosas de dentro. Luego, a los tres meses, ya me pusieron a trabajar».

Pregunta.—Pero no fue el suyo un camino de rosas. También usted conoció el lado oscuro.

Respuesta.—Sí. En los inicios, a mí me potenciaba muchísimo todo aquello, lo que pasa es que no ocurrió en las dosis adecuadas, fue como una sobredosis de trabajo y responsabilidad para los que no estaba preparada y yo, claro, aprendí mucho, pero también me fastidió bastante.

Luego, estuve un poco enferma hasta que lo superé y seguí trabajando.

La actriz practicando una de sus aficiones favoritas: el dibujo.

P.—¿Cómo le resulta el proceso de trabajo en la interpretación?

R.—Como dice Angel, cuando trabajo a gusto pues las cosas me salen muy bien, en general; y cuando no trabajo a gusto, pues tengo que hacer un esfuerzo muy grande; pero mal, no me ha salido todavía ninguna.

P.—Usted ha trabajado con el Método, tan unido a autores norteamericanos y, al mismo tiempo, ha interpretado autores españoles. ¿Cómo ha resultado esta aplicación?

R.—Sí. El Método es y ha sido mi herramienta de trabajo. Por otro lado, yo me identifico poco con personajes españoles; al menos, tal y como han sido tratados la mayoría de las veces. Ahora me empiezan a gustar algunas películas españolas porque presentan menos dramas rurales, curas, conflictos generacionales..., y si me gusta Almodóvar es porque está hablando de un tema absolutamente localista, pero nada español; que podría pasar en cualquier sitio.

P.—¿Cómo se ha encontrado en el papel de Eva?

R.—La verdad es que es un texto mucho más difícil de lo que parece. Primero, lo engullí y luego, he tenido que rumiarlo para poder sacarlo adelante.

Biografía

Su primer vínculo con la actividad teatral fue en 1974, cuando entró a formar parte del TEI. En ese mismo año realizó estudio con José Carlos Plaza y W. Layton; y dos años después recibe clases de Lee Strasberg, en el Actor's Studio de Nueva York. Su formación se ha visto completada con los Cursos de Interpretación de Carlos Gandolfo y José Luis Gómez, entre los años 1978 y 1980, en el Centro Dramático Nacional; y con los cursos de John Strasberg, tomados periódicamente desde 1981 hasta la actualidad.

Sus trabajos en teatro han sido: *Terror y Miseria del III Reich*, de Brecht, dirigida por José Carlos Plaza, con quien también ha trabajado en los montajes de *Don Carlos*, de Schiller, *Eloisa está debajo de un almendro*, de E. Jardiel Poncela; y *El jardín de los cerezos*, de Chejov; estas dos últimas, producciones del Centro Dramático Nacional, de 1984 y 1986, respetivamente.

Dirigida por Guillermo Heras, ha actuado en dos obras de Alvaro del Amo: *Geografía*, montada por el Centro de Nuevas Tendencias Escénicas y *Motor*, por el Centro Dramático Nacional.

Así que pasen cinco años, dirigida por Narros; *La Celestina*, por Miguel Bilbatua; *Sainetes de Arniches*, por José Osuna; *Monólogos sobre mujeres, Sálvate tú*, por Charli Levi Lenoy, que también escribió el guión; y *La Dorotea*, de Lope de Vega, dirigida por Antonio Larreta; constituyen el resto de su actividad teatral.

Su carera cinematográfica dio comienzo en 1980 con su intervención en la película de Antonio Hernández, *Apaga y vámonos*. Posteriormente ha actuado en las cintas: *3×4*, de Manuel Iborra, *1919 Crónica del alba*, de Antonio Betancor; y *Jarrapellejos*, de Antonio Giménez Rico.

Con el mismo director, aunque ya para televisión, intervino en *Crónica de sucesos*.

Otros trabajos para Televisión Española han sido: *El jardín de Venus*, de José María Forqué; *Aquí no paga nadie*, de Darío Fo, dirigida por José Carlos Plaza y realizada por Pedro Amalio López; *Aurora, La Ventana Electrónica*, dirigida y realizada por Antonio Flores; *Miguel Servet*, también de José María Forqué; *Eva y Adán, agencia matrimonial*, realizada por Francisco Montolíu; y *No sé bailar*, de Juan Tebar.

Lola Mateo.

De la realidad contemporánea 3

ENTREVISTA

Angel de Andrés López

Actor, en el papel de Adán

De niño, se escapaba de los brazos de quien le cuidaba y salía al escenario, donde estaba actuando su tío, actor de revista. Luego, el tío, ante la travesura infantil debía «colar» algún chiste sobre el sobrino en medio del espectáculo y salir al paso como podía del atolladero. A la anécdota infantil se remite el actor Angel de Andrés López para relatar su «enganche al teatro, del que dice le cautivó su «parte lúdica» y del que lamenta «haberle dado mucho y haber recibido muy poco».

Angel de Andrés López

«Fue la parte lúdica del teatro la que me enganchó»

Eran años de la infancia y los días se pasaban entre el cine y el teatro. «Mi tío y su novia, que era actriz de cine, me recogían todos los días; me llevaban al cine y, por último, a la revista en la que trabajaba él. Tengo grabado el ambiente aquel; para mí, era un juego... las *vedettes* llenas de plumas, teatros llenos de gente riéndose. Me parecía una fiesta y yo ya quise participar de ella. Me resultó, la de actor una profesión de hacer felices a los demás y hacerse feliz uno mismo.

Definitivamente fue la parte lúdica del teatro la que me enganchó».

Pregunta.—Así se hizo actor y se inició en el teatro, pero luego, ha trabajado en otros medios: cine, televisión; ¿sigue siendo el teatro su medio favorito o se ha adaptado mejor a otros?

Respuesta.—Bueno, sobre esto hay mil teorías y cada actor dirá una cosa. Yo creo que cuando uno es actor, no es actor de nada; eso es una cuestión de técnicas: el teatro tiene una técnica; el cine otra, etcétera; todas muy distintas. Dentro del teatro, a su vez, también hay veinte técnicas. Es una cuestión de estudiarlas.

Si lo que se quiere es especializarse, lo que hay que hacer es estudiar esa técnica concreta; pero, para mí, eso es una limitación. A mí me lleva la vocación a tocar todos los géneros y estilos.

Primero, yo me creí que era muy de teatro y que sólo me gustaban los escenarios porque estaba el público delante y lo vivía; y tenía mi mal rollo con las cámaras. Luego, con Almodóvar me di cuenta que la cámara no es tan estúpida, que también tiene su morbo, lo que pasa es que es otra forma de expresión; entonces es cuando hay que empezar a estudiar: que hay varios objetivos, que según con cuál te enchufen debes ajustar el grado de expresión para manifestar los sentimientos.

Como Unamuno se murió buscando la verdad de la vida, un actor se puede morir buscando cómo se hace bien, y cómo se hace bien en cualquier sitio. Si se inventara otro medio, lo suyo sería también probarlo.

P.—El acto de creación, ¿lo entiende resultado de un momento, o de un proceso de trabajo?

R.—Siempre queremos reducir todo. Es las dos cosas. Es como la vieja pregunta de si los actores nacen o se hacen. Evidentemente, el actor se hace cuando quiere: como cualquier trabajador, el tío que más estudia, aprende más; pero también es verdad que una persona nace con una estrella y otros, con otra.

Una vez que estaba en Cartagena, con los grupos independientes, un viejo cómico me dijo: «Angel, los actores somos como las putas: subes al escenario y echas el polvo y si gustas, te vuelven a llamar y si no, no.» Una broma que luego he visto que es cierta.

Además de eso, entiendo que el teatro es lo más parecido a la cama; el teatro y el amor, parecidísimos. Son, como dicen los del Método: acción-reacción; y eso se crea desde el relajo, el mismo que busca uno en una cama. Si tu amante tiene conflictos, espera que le descubras América; las cosas no funcionarán porque, evidentemente, no le vas a descubrir América. Quien no tiene esos conflictos, ni espera nada, sino simplemente escucha lo que hay y se mete en el juego de lo que hay, entonces se empieza a crear y salen las cosas. Entre dos personas imaginativas, puede no haber límite, pero hay que dar opción a que eso ocurra, tanto en la cama como en el escenario dando la confianza suficiente. Los recelos impiden que estés bien en la cama y en el escenario; los mejores momentos en uno y otro sitio sólo se puden dar, si hay una absoluta confianza.

P.—¿Qué tal se ha encontrado en el papel de Adán?

R.—Me ha planteado problemas de todo tipo; desde el de que hace dos años que no hago teatro. Yo he sido un actor muy de teatro, me he formado en él y llegó un momento en que me agoté; yo creo que le he dado mucho al teatro y me ha devuelto menos.

Tuve ocasión de hacer cine y televisión y la verdad es que he estado muy a gusto y sin que me apeteciera volver.

Ahora pienso que, quizás, mi reaparición en esta Sala, con este tipo de función y peleándome con mi director y autor; a lo mejor, significa simplemente que no estoy muerto. Es un revulsivo para probar que, en la situación cómoda que ahora tengo, no me duermo en los laureles y no me abandono a lo fácil. Es una prueba a mí mismo para demostrarme que no me he anquilosado.

Biografía

En 1972 inicia su actividad teatral, trabajando en diversos montajes de teatro independiente, entre los que cabe citar: *La orgía*, de Buenaventura; *Pseudolo o Trompicón*, de García Calvo y *Nacimiento, pasión y muerte de... por ejemplo tú*, de Jesús Campos.

Se incorpora al grupo Tábano en 1975, participando en los montajes: *La ópera del bandido* y *Cambio de tercio*, ambas creaciones colectivas; *El nuevo retablo de las maravillas*, de Cervantes-Tábano; *Un tal Macbeth*, de Shakespeare-Tábano; *Schweyk en la segunda guerra mundial*, de Brecht; *El suicida*, de G. Heras y A. López y *La [illegible] del miedo*, de Darío Fo.

Asimismo, en otras compañías interpreta: *Aquí no paga nadie*, dirigida por J.C. Plaza; *Pareja abierta*, dirigida por Emilio Hernández y *Bajarse al moro*, de Alonso de Santos.

Como director intervino en *La loca carrera del árbitro*, de Martínez Mediero.

Entre sus trabajos de teatro clásico destacan: en el Teatro Español: *Macbeth*, dirigido por Narros; *La vida es sueño*, por J.L. Gómez; y *Kabaret para tiempos de krisis* por G. Heras. En diversas compañías: *Fuenteovejuna*, *El perro del hortelano* y *La casa con dos puertas mala es de guardar*. En la Compañía Nacional de Teatro Clásico: *El médico de su honra*, *Los locos de Valencia* y *Antes que todo es mi dama*; dirigidas las tres por Marsillach. También ha actuado en la zarzuela *La Gran Vía*, dirigida por Marsillach, en el Teatro de la Zarzuela.

De su labor en televisión testaca: *Lorca, la muerte de un poeta*, de Bardén; *La mujer de tu vida*; de Moncho Alpuente; *La forja de un rebelde*, de Mario Camus y el programa infantil *Cajón desastre*. Actualmente, rueda la serie *Para Elisa*.

En cine: su último trabajo ha sido la coproducción hispano-anglo-francesa *La hija de los lobos*. Otros trabajos destacables son: *Luces de bohemia*, de M. A. Díaz; *Manuel y Clemente*, de Palermo; *No hagas planes con Marga*, de Alcázar; *Baton rouge*, de Monleón; *Las cosas del querer*, de Chávarri; *¿Qué he hecho yo para merecer esto?* y *Mujeres al borde de un ataque de nervios*, ambas de Almodóvar.

ENTREVISTA

Jesús Campos

Autor, director y escenógrafo

«Nunca más»

JESUS CAMPOS, Madrid

En los confines del cuarto de baño, y aprovechando una pausa en las actividades propias del lugar, Jesús Campos se encuentra consigo mismo, y en uno de sus frecuentes ataques de egocentrismo, se concede una entrevista en exclusiva, de la que transcribo algunos fragmentos.

YO PREGUNTANDO.—Según mis noticias, han pasado nueve años desde su último estreno, ¿puede explicar las causas de una ausencia tan prolongada?

YO CONTESTANDO.—No.

YO P.—Ya. Bien. ¿Qué se propone con su obra *Entrando en Calor?*

YO C.—Decir lo mismo con otro acento.

YO P.—¿Significa eso que todas sus obras son una sola?

YO C.—Nada me obsesiona más que darle a cada tema su juego específico. Si hay algo de lo que no puedo ser acusado es de haberme copiado a mismo, con la coartada del estilo propio; pero, pese a todo, íntimamente no es posible negar que, bajo los distintos artificios dramáticos, hay una constante que permanece invariable, al menos en los trabajos fundamentales.

YO P.—¿Y es?

YO C.—Cualquiera que haya leído 50 de mis obras, podrá contestarle mejor que yo.

YO P.—¿Alguien ha leído 50 de sus obras?

YO C.—No. Afortunadamente.

Llegado a este punto, la conversación deriva hacia temas digestivos y otros placeres de distinta naturaleza, hasta, finalmente, centrarse en los temas nucleares.

YO P.—¿Cree usted en la existencia de la bomba atómica?

YO C.—Sí. Soy creyente practicante, y esto importa resaltarlo porque, aunque la mayoría se declara creyente, lo cierto es que se comportan como incrédulos empedernidos.

YO P.—¿No se siente un poco ridículo actuando de profeta catastrofista en las postrimerías del milenio?

YO C.—Por supuesto que sí; yo siempre me siento ridículo, es una de las sensaciones que más frecuento. Así que figúrese cómo puedo sentirme haciendo de futurólogo postnuclear, sin más antecedente cultural de amplia difusión que las películas de colores que nos mandan desde Hollywood. Créame que me siento abochornado.

YO P.—¿Por qué lo hace entonces?

YO C.—Por puro morbo.

YO P.—Pero ¿cree realmente que se anuncia el fin del mundo?

YO C.—¡Ah! Yo qué sé. (Tras una pausa, reacciona airado.) ¡Oiga, qué se cree! Si alguien con poder para hacerlo tuviera planes al respecto, puedo asegurarle que no iba a venir a contármelo a mí. Pero ¿por quién me toma? ¿por un majara?

YO P.—Hombre... como escribe usted de la guerra nuclear.

YO C.—Mire, de la guerra nuclear lo menos importante es la guerra nuclear; como comprenderá, que esto salte o no por los aires es una consecuencia y, como tal, algo secundario. A mí lo que realmente me preocupa es lo que ha ocurrido, lo que ocurre para que estemos en disposición de saltar por los aires.

YO P.—Si no se explica...

YO C.—¡Mire, si un individuo se decide a comprar un revólver para pegarse un tiro en la sien, no creo que nadie piense que el problema es el revólver. La imagen de la persona apretando el gatillo debe hacernos pensar en su soledad, su incomunicación, su amargura, su sentimiento de inutilidad.

YO P.—¿Qué quiere decir?

YO C.—Que colectivamente ya hemos ido a la tienda a comprar el revólver. De un suicida, lo más terrible no es el suicidio sino su vida.

YO P.—¿Piensa usted que nos vamos a suicidar?

YO C.—Usted no sé, y yo no lo tengo claro. De momento, me gustaría seguir incordiando un poco más. Pero la cuestión no se plantea como opción individual. Mire por donde, cuando hemos perdido por completo el sentido de la colectividad , resulta que, colectivamente, lo único que podemos hacer es suicidarnos.

YO P.—Tampoco es eso.

YO C.—¡Ah! no, con sólo darle a un botón, ¿podríamos con sólo darle a un botón ser felices colectivamente?

YO P.—Oiga, y si lo ve tan negro ¿por qué escribe una obra de risa?

YO C.—¿Quién ha escrito una obra de risa?

YO P.—¿Usted no?

YO C.—¿Yo? Yo he escrito una obra. Si alguien se ríe es su problema.

YO P.—No me negará que deliberadamente organiza un equívoco con situaciones cómicas, para que el espectador tenga que tragarse sus propias risas.

YO C.—Mire, un equívoco es un término que estaría dispuesto a aceptar; el objetivo del trabajo es mostrar los dos planos: el superficial y el profundo; para eso se dan dos brochazos: uno negro y uno blanco, que lo oculta.

YO P.—¿Y eso no tiene truco?

YO C.—Visto desde una óptica «benaventina» (empleando el término sin ninguna connotación peyorativa, sino sólo por establecer un modo de hacer teatro) pudiera entenderse así; pero traducida a símbolos, la obra no hace si no reproducir el esquema en el que nos desenvolvemos a diario: una existencia alarmantemente deteriorada, envuelta en el papel de plata del «aquí no pasa nada», con su pizca de erotismo cutre a modo de guinda. Una metáfora, una chocolatina o un pastel; a elegir.

YO P.—¿Y no podría, aunque sólo fuera por variar, dar una visión más optimista de la vida?

YO C.—No, lo siento, no me quedan.

Dejándose a sí mismo por imposible y preguntando sólo por preguntar:

YO P.—¿Tiene en perspectiva algún otro proyecto teatral?

YO C.—Nunca debe decirse de este agua no beberé, así que no diré nada sobre el agua, pero teatro NUNCA MÁS.

Jesús Campos, en un momento de la entrevista realizada consigo mismo.

Biografía

Desde su fundación en 1983 y hasta su cierre en 1988, Jesús Campos, en su condición de miembro de la Junta Directiva del Círculo de Bellas Artes, ha sido el responsable de la programación de los Teatros del Círculo, partiendo una lanza en defensa del teatro español contemporáneo, al tiempo que como dramaturgo permanecía alejado de los escenarios.

Tras nueve temporadas de ausencia, vuelve contando en su haber con catorce textos teatrales, siete monólogos, cuatro estrenos y siete publicaciones, habiendo obtenido por su labor una decena de premios. Esta podría ser, reducida a números, la síntesis de su biografía.

Los textos estrenados fueron: *Nacimiento, Pasión y Muerte de... por ejemplo: tú* (T. Alfil, 1975), *7.000 Gallinas y un Camello* (T. María Guerrero, 1976), *Blanca Nieves y los siete enanitos-gigantes* (T. Barceló, 1978), y *Es mentira* (T. Lavapiés, 1980). Entre los textos no estrenados citamos, por su mayor interés: *Furor; Matrimonio de un autor teatral con la junta de censura; En un nicho amueblado;* y la serie de monólogos que se agrupan bajo el título *Danza de ausencias.*

Entre las publicaciones destacamos las editadas por el *Modern International Drama* (New York, 1974), *Universidad de Granada* (1976), *Primer Acto* (1975 y 1980) y *La Avispa* (1983).

Y por último, los premios obtenidos por su trabajo son: el Lope de Vega, el Eulalia Asenjo de la Real Academia de la Lengua, el Carlos Arniches, el Ciudad de Teruel, El Guipúzcoa (premio y finalista), el Ciudad de Palencia, (premio y finalista), el Lérida (premio y finalista), y el Borne, que lo obtiene en 1973 y en 1988, este último por la obra, *Entrando en calor,* que se presenta a concurso con el título, cabecera de este periódico, *De la realidad contemporánea.*

Coincidiendo con el estreno de esta función se edita una antología de su obra poética con el título *Mis cien peores poesías,* al tiempo que se inicia en el ejercicio de la narrativa.

Autocrítica

Curarse en salud

JESUS CAMPOS GARCIA

Con el estreno de *Entrando en calor* vuelve a ponerse de manifiesto uno de los males endémicos de nuestro teatro, quizás el más importante: la falta de autores. Jesús Campos, del que alguien pudo decir alguna vez que prometía, no ha cumplido su promesa, por lo que debe incluirse, sin más, en la ya larga nómina de dramaturgos españolas que ni tienen nada que decir, ni saben como decirlo.

Cuando despojado de las piruetas escenográficas, Campos propone una obra de texto, quizás siguiendo los dictados de la moda, quizás sólo motivado por razones económicas, el trabajo se presenta tan lleno de obviedades y lugares comunes, que queda patente la falta de originalidad del autor, su incapacidad para contar una historia que, de existir, se expone de modo torpe y con diálogos farragosos, supuestamente coloquiales, y lo que es más de lamentar, su falta de dominio para hacer creíbles unos personajes que no son sino marionetas al servicio de sus *ingeniosidades*.

ADÁN y EVA, últimos supervivientes de una catástrofe nuclear, (esto, sin duda, el autor creerá que es una idea luminosa) se entretienen haciendo chistecitos de dudoso gusto sobre sus miserias e incluso organizan algún safari erótico para entretener al personal; todo ello mal hilvanado en una estructura dramática llena de trucos y recursos manidos, mal copiando una situación escénica con gloriosos antecedentes en la Historia del Teatro de la que aquí apenas se esboza su caricatura. Y así, entre equívocos y engaños del teatro más convencional se hacen referencias a la impotencia y a la esterilidad, hasta que sin que venga a cuento ni se sepa muy bien porqué, sacan dos pistolas y se pegan cuatro tiros, resolviéndose la obra en una escena que piadosamente calificaríamos de lamentable. Es una pena que la función no comience con el final, todos saldríamos ganando.

Lo malo de los simbolistas —y Campos es sin duda un simbolista camuflado— es que subordinan todo al símbolo, tienen un mensaje generalmente esquemático, y luego visten la mona con mejor o peor fortuna, en este caso con peor. Sin duda entendemos su planteamiento: «Una sociedad impotente y esterilizada, que oculta su realidad bajo una apariencia divertida y aburridamente erotizada, todo ello bajo la amenaza de un suicidio colectivo». Como el lector habrá advertido una vez más vuelve a descubrirse el Mediterráneo. Y si aún viniera a cuento... pero la comedia nos llega en tiempos de distensión y de desarme, y por tanto totalmente desfasada y sin ningún sentido de la actualidad. En su calidad de autor, (?) no voy a darle ningún consejo, porque a su edad la cosa creo que ya no tiene remedio, pero como ciudadano le recomendaría que leyera la prensa con más atención, para al menos mantenerse informado y saber qué es lo que tiene que pensar.

Por si lo dicho fuera poco, Campos, según nos tiene acostumbrados, volvió una vez más con su manía de *Juan Palomo* asumiendo dirección y escenografía, con lo que los defectos apuntados en el texto, lejos de corregirse con la colaboración de otros profesionales mejor dotados para este oficio, aumentan hasta niveles inconcebibles. Con un espacio escénico pequeño y mal distribuido y repleto de trastos, los actores apenas tienen sitio para moverse, por lo que la puesta en escena prácticamente carece de juego; así que ya pueden ustedes imaginarse lo que es hora y media larga de representación hablando sin parar y prácticamente sin moverse de su sitio.

Los actores, muy profesionales y disciplinados, sacaron el texto como pudieron, haciendo gran derroche de tesón y espíritu de sacrificio; si hubiera que hacerles algún reproche sería el de haber aceptado este trabajo. Magnífico Ángel de Andrés en el papel de EVA que estuvo en todo momento ocurrente y encantador. Lola Mateo con la fuerza a que nos tiene acostumbrados interpretó muy bien en el papel de ADÁN.

Por último, lamentar que el Ministerio de Cultura subvencione proyectos tan faltos de interés; si no hay un teatro español digno de ser tenido como tal, es preferible asumirlo y volcar nuestra atención en el teatro clásico y de repertorio, si no queremos quedarnos sin los cuatro espectadores que aún se aventuran por los patios de butacas expuestos a ser tan duramente maltratados.

Si la noche del estreno el público ovacionó puesto en pie, es sin duda porque se hallaba compuesto por familiares y amigos de los componentes de la compañía y del mismo autor; porque de otro modo no se explica.

Fría Acogida

J.C., **Madrid**

Con motivo del estreno de la obra *Entrando en calor*, el todo Madrid se dio cita en los vestíbulos de la Sala del Mirador; aristócratas, políticos, banqueros, abrigos de pieles y otras celebridades, así como la movida —que, aquejada de artrosis, no cesó de quejarse— realzaron con su presencia la celebración de este acto benéfico-cultural, en el que se recaudaron fondos para enviar dulces de Navidad a las tropas destacadas en el Golfo Pérsico.

Al finalizar la representación, que fue acogida con frialdad, se pudieron recoger opiniones para todos los gustos. Lo más celebrado fue el vestuario y el diseño de los muebles, y fue comentada muy negativamente la mala calidad del papel del programa de mano, así como la ausencia de canapés y otros agasajos gastronómicos de obligada presencia en este tipo de actos culturales.

6 **De la realidad contemporánea**

SUCESOS

Lugar donde fue violada la víctima, en la tarde de ayer.

Sin resultados en la investigación

Nuevo caso de violación en el Parque del Oeste

La banda de delincuentes que ya empieza a ser conocida como «los violadores del Parque del Oeste» actuaron anoche, por séptima vez en los últimos dos meses. A pesar de su reticencia, la víctima —una mujer de mediana edad— ha presentado denuncia en la Comisaría del Distrito para facilitar las pesquisas policiales que se vienen desarrollando, aunque, de momento, sin ningún resultado.

Una vez más los ya tristemente famosos violadores del Parque del Oeste han vuelto a actuar, por séptima vez en los últimos dos meses.

En esta ocasión, la víctima —una mujer de mediana edad, que responde a la iniciales de C.C.M.— fue asaltada sobre las 20.30 horas de ayer, en las inmediaciones del Teleférico, ya en el interior del parque madrileño.

Los asaltantes, de nuevo tres individuos jóvenes, abordaron a la mujer solicitándole información sobre algún centro de asistencia sanitaria urgente. Según declaraciones de la víctima a la Policía, los delincuentes no presentaban aspectos sospechosos, por lo que C.C.M. atendió su demanda. Coincidiendo con otras víctimas anteriores de la banda, la violada ha descrito a sus asaltantes como tres hombres jóvenes —entre 20 y 25 años— de aspecto común, vestimenta y modales correctos. Se da la circunstancia que, una vez consumado el delito, los violadores abandonaron a la mujer en estado semi-inconsciente, sin que fuera recogida hasta dos horas más tarde por una pareja de policía municipal que patrullaba la zona. En un principio, la mujer se negó a presentar la denuncia correspondiente a la comisaría del distrito, por temor a que su nombre fuera dado a conocer en los medios de comunicación. Posteriormente y en presencia de su novio —que había sido requerido por la misma policía— presentó denuncia de los hechos a tenor de facilitar la propia investigación policial que se viene desarrollando desde la primera actuación de la banda.

El agresor recibía tratamiento psiquiátrico

Mata a su amante y se la come a la brasa

Miembros del Cuerpo de Policía encontraron, en la madrugada de hoy, el cuerpo sin vida y mutilado de una joven; víctima, al parecer, de los desequilibrios mentales de su propio novio que la asesinó «para comérsela», según ha declarado el mismo acusado. La desaparición de la muchacha —de la que no se conoce familiar alguno— fue denunciada ahora una semana por amigas de la misma y estaba siendo investigada, con el macabro resultado que hoy se ha dado a conocer

El cuerpo sin vida de Ana T.L., de 27 años de edad, fue encontrado a primeras horas de la madrugada de hoy, en un local del polígono industrial de Fuenlabrada, por miembros del Cuerpo de Policía Nacional.

La víctima había sido mutilada en sus miembros inferiores y su cuerpo, camuflado entre unas bolsas de plástico en un frigorífico industrial. Esta circunstancia ha impedido que el estado de descomposición del cuerpo avance con mayor rapidez, a pesar de que el primer informe del forense asegura que la mujer fue asesinada hace ahora ocho días.

En una inicial aproximación de urgencia a los hechos, la Policía trabajó con la hipótesis de que pudiera tratarse de un caso de ritual satánico, pero este periódico ha podido saber de fuentes de toda solvencia que dos horas después de encontrarse el cadáver, inspectores del Cuerpo de Policía detuvieron, en su domicilio al que había sido novio de Ana T.L., bajo acusación de asesinato.

La presencia de una barbacoa doméstica en el local donde fue encontrada la víctima, así como otros utensilios de carnicería (cuchillos, hachas, afiladores, etcétera) orientó las pesquisas policiales hacia el novio de la asesinada, propietario de un puesto de carnicería en el madrileño mercado de San Benito.

En espera de aclarar los términos exactos de tan macabro suceso, en la rueda de prensa que ofrecerá hoy el inspector encargado del caso, Fermín Gutiérrez; al parecer, el acusado se confesó, tras ser detenido, culpable del asesinato, y declaró haber troceado las piernas de su novia «para asarlas y comérselas», con el fin de «adquirir sus muchísimas virtudes».

Vecinos del acusado han declarado que el mismo sufría alteraciones mentales desde hace algunos meses y que estaba siendo tratado, en régimen ambulante, en el Hospital Psiquiátrico Provincial.

Los padres, contra la maestra que abusó de sus alumnas

La Asociación de Padres del Colegio Virgen Blanca, de Madrid se personará, como acusación particular, en la causa que se instruye contra Dolores Del Real, maestra del citado centro, acusada de diversos actos de abusos deshonestos contra menores en las personas de varias de sus alumnas.

Los hechos saltaron a las páginas de los diarios, el pasado lunes cuando un padre puso en conocimiento del director del centro y posteriormente, de la autoridad judicial, la versión de su hija, de ocho años de edad que afirmaba que la profesora había invitado a varias compañeras de curso a su casa para preparar una función de teatro escolar. En el transcurso de la tarde, la maestra, con la excusa de disfrazar a las niñas para el ensayo, «las desnudó y sometió a diversos tocamientos», según reza el propio Sumario.

ANUNCIOS POR PALABRAS

INMOBILIARIA VENTAS

PISOS

ROZAS, pisos, 2, 3 y 4 dormitorios, garaje, trastero, urbanización privada, inmejorable situación, financiamos.

ARGUELLES, 110 m., 4 dormitorios, exterior, urge vender.

ATICO, Arguelles, 120 m., más 40 terraza, precioso, oportunidad.

ARGUELLES, 115 m., reformar, luminoso, inversión.

ARGUELLES, lujo, 230 m., 5 dormitorios, calefacción, garaje, exterior.

FRANCISCO Sales, 130 m., 4 dormitorios, precio único.

ALAMEDA Osuna, exterior, 4 dormitorios, fenomenal, urge vender.

ARTURO Soria, 100 m., lujo, precio interesante.

ARTURO Soria, excelente, 3 dormitorios, calefacción, garaje.

ARTURO Soria, 160 m., precioso, exterior, garaje, urge vender.

APARTAMENTOS

LOCALES

INMOBILIARIA ALQUILERES

APARTAMENTOS

ENSEÑANZAS

TRABAJO

OFERTAS

CREDITOS VIVIENDAS

- 100 % de su valor
- 25 años para pagar
- 1 mes para la obtención

INTERES PREFERENCIAL

CALLE CARDENAL BELLUGA

Junto plaza de toros de las Ventas. Ultimos apartamentos y áticos dúplex con terraza

SERVICIOS

RELAX

VIRGINIA. Estoy buenísima. ¡Compruébalo!. 24 horas.

SEÑORA Loren. Contactos señoritas no profesionales. Modelos, universitarias. Concertar cita. Tarjetas. Miltilingual Escort.

FETISH. Nuevo.

FETISH. Sex shop.

FETISH. Libre sex.

FETISH. Revistas.

FETISH. Libros.

FETISH. Video.

FETISH. Cambios.

FETISH. Venta.

CASADO. 41 años aspecto corriente, vasectomizado, discreto, culto y educado, insatisfecho por desajuste sexual esposa, busca señora madura llenita y bien conservada.

MARIA. Servicios todos.

MARIA. Permanentemente.

MARILO. Privado. Servicios especiales. Barrio Salamanca.

SEÑORA atractiva, elegante. Masajista. Para caballeros discretos. Cenas, viajes, reuniones.

ROSI. 20 años. Masaje, amor completo. 7.000.

VENEREAS piel. Consultas diarias.

PASSARELA SALON ALTO STANDING SEÑORITAS

VIUDA francesa. Dúplex. 10.000.

VALERY. Francés 6.000.

CRISTAL. 19 años. 6.000.

MONICA. Señoritas exclusivas.

MONICA. Domicilios. Hoteles.

MONICA. Permanentemente.

BORJA. Moreno. Fuerte. Guapo.

3 amigas para tu intimidad. 24 horas. Estrella 20, 1.º D. «Callao». Silvia.

MIA. Particular. Espléndida.

MIA. ¡Bombón delicioso! Lencería. Torrejón. Alcalá Henares. Higiene. ¡Sin prisas!

OTRAS SECCIONES

VARIOS

antenas LASSER S.L.

Instalaciones. Reparaciones. Contratos de mantenimiento. TV. Vía satélite. Antenas colectivas. Teledistribución. Sistemas de seguridad. Sonorización. CCTV. TMA. Teléfonos coche. Video porteros. Porteros automáticos. Reemisiones TV.

Miguel Fleta, 9. Edificio satélite. 28037 Madrid

MUNDO NUEVO

FAMILYAMICLUB

HOY × HOY

CLINICA

EYACULACION

De la realidad contemporáneA

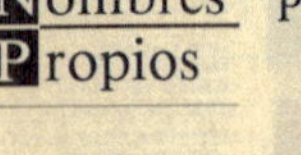

Andrés Nagel

No es Andrés Nagel persona amigada con la fama o la notoriedad; más bien al contrario: intentar conocer algo más de la vida de este diseñador vasco, se convierte para el periodista en una tarea trabajosa y, a menudo, inútil. Y, sin embargo, se trata de un nombre más que relevante en el panorama del actual diseño español.

Autor de la silla y el escritorio *Entremanos* (1988), producidos por Akaba y que, en estos días se exhiben en la Sala del Mirador, con motivo de la puesta en cartel de la obra teatral de Jesús Campos; Andrés Nagel inició su carrera en el mundo del arte recién cumplidos los veinte años, cuando comenzó a exponer su obra pictórica sin dejar de hacerlo prácticamente ni un sólo año hasta la actualidad. Así, los trabajos de Nagel han recorrido las más prestigiosas salas y galerías de arte nacionales e internacionales, tanto en exposiciones individuales, como en muestras colectivas del estilo más avanzado.

Combinación de su capacidad creadora y sus conocimientos arquitectónicos (se licenció en esta disciplina, al cumplir los 25 años) es la línea *Entremanos*, que consta de una silla de estructura metálica, pintada en nextel gris y de un escritorio, de iguales características, con cajones de madera maciza y escribanía de cuero.

Pepe Cortés

Trabajando imparablemente como interiorista desde 1971, Pepe Cortés León también posee un amplio historial como diseñador de mobiliario, aunque pocos le saben co-autor de conocidas obras de Javier Mariscal como el *M.O.R.sillón* o la *M.O.R.sillita*.

Su alrededor de 70 obras de interiorismo, una de ellas —la cubierta en cristal del restaurante Azulete, en Barcelona—, premiada con el galardón FAD del jurado y crítica en 1983; los más de 10 diseños realizados desde 1975 y la colaboración ininterrumpida con Mariscal, con quien ha firmado una quincena de trabajos, le acreditan com uno de los primeros diseñadores de nuestro país.

Resultado de esta colaoración, hoy podemos ver una muestra en el sofá llamado *M.O.R.sillón*, realizado en 1986 y que consta de una estructura metálica pintada, con asiento y respaldo tapizados. El mueble fue seleccionado en 1986 para los prestigiosos premios Delta de diseño.

Javier Mariscal

De *enfant terrible* a diseñador olímpico, de autor de ese arte marginal que es el cómic a diseñador de muebles, de decorar bares a exponer su obra en Europalia, el que se considera «altar» de la modernidad europeo: el Centro Georges Pompidou, o o la Feria Internacional de Arte, Arco'89. Ése es Javier Mariscal: versátil, heterodoxo, imposible de clasificar.

Trabajando desde los veintidós años, cuando publicó el que sería primero de sus cómic —faceta en la que luego realizaría una extensísima producción—, *El Señor del Caballito;* ha alcanzado su máxima popularidad como autor de la mascota olímpica de Los Juegos de 1992, que se realizarán en Barcelona: el Cobi.

Menos conocida, aunque sí reconocida por el mundo artístico es su tarea como diseñador de muebles, figuras decorativas o interiores. Su silla —co-realizada con Cortés, *Trampolín*, de 1986 ha obtenido el Premio Delta de Plata Adifad, del mismo año.

Txema García Amiano

Vinculado desde 1970 con el mundo del diseño, Txema García Amiano no es un nombre conocido y, sin embargo, es quien hace posible una empresa como Akaba, que pretende poner de manifiesto la pujante capacidad creadora de los diseñadores españoles.

Fundada en San Sebastián, Akaba ha industrializado diseños de primeras figuras como son Ciganda, Pepe Cortés, Josep Llusca, Javier Mariscal, Pedro Miralles, Santiago Miranda-Perry King, Andrés Nagel, Eduard Samsó, Gabi Teixidó, el Grupo Transatlántic, Oscar Tusquets o Alberto Corazón. Una parte muy importante de la producción de la empresa —alrededor de un 70%— se exporta a los mercados internacionales, lo que le ha facilitado una presencia constante en convocatorias internacionales y revistas especializadas del mundo.

En su carta de presentación, Akaba posee dos premios Delta de diseño español y ha sido seleccionada para muestras internacionales.

Adolfo Domínguez

En numerosas ocasiones, este orensano de origen ha sido expuesto como paradigma del moderno empresario español, en círculos próximos a la Administración socialista. No en vano, Adolfo Domínguez —que inició su debú en el mundo de la moda trabajando la sastrería clásica para hombre— ha logrado introducirse en el competitivo mercado internacional con sus actuales colecciones, ya también para mujer, y en la línea del diseño más vanguardista, con un estilo absolutamente personal que ha optado por la sobriedad y la sencillez.

Desde su licenciatura en Filosofía y Letras por la Universidad de Santiago, hasta llegar a ser el impulsor de un negocio familiar que ha adquirido un volumen de facturación de cinco mil millones de pesetas, según datos de 1988; Adolfo Domínguez ha vivido en distintas ciudades europeas, destacando su permanencia en París durante la explosión cultural de 1968.

EDITORIAL

No habrá guerra de Troya

Un suspiro de alivio ha relajado las cancillerías de todo el mundo. Como en el título de la obra de Giraudoux, puede afirmarse que *No habrá guerra de Troya.* Y todo pudo quedar en nada. Hace sólo veinticuatro horas, se salvó el último escollo; la redacción de una de las cláusulas adicionales puso en peligro, por razones de *estilo,* la culminación del acuerdo de mayor trascendencia en la historia de la humanidad. Sobre la mesa estaba en juego la destrucción de todo el arsenal nuclear, químico y bacteriológico; se apostó contra la muerte y se ha vencido. Superadas las barreras gramaticales, al fin, se ha firmado la vida. Es la victoria de la razón sobre la demencia.

Cuando hace años, en el atolón de Mururoa, y a consecuencia de las radiaciones producidas por unas pruebas nucleares, una rara especie de chinches sufrió malformaciones genéticas que alteraron sus órganos genitales, hasta el extremo de que las hembras nacían sin vagina; el riesgo de extinción convulsionó sus comportamientos sexuales hasta el extremo de que los machos las penetraban por cualquier lugar de su cuerpo, luchando los espermatozoides por abrirse camino a través del organismo, en un intento desesperado de perpetuar la especie. Esta estremecedora anécdota, ocurrida por los efectos de una prueba nuclear realizada bajo control, viene ahora a la memoria como el flash de un futuro felizmente imposible.

Despejado el horizonte con la firma de este Tratado, alejemos de nuestra mente toda imagen catastrofista y unámonos al clamor que aún vitorea en las calles de todas las ciudades del mundo, festejando de forma espontánea el fin de una época en la que la amenaza de exterminio ha desquiciado de modo alarmante las relaciones humanas. Que así sea.

Firmado un acuerdo de desarme total entre las dos potencias

La paz mundial ya es posible

Moscú/ Washington/ Ginebra.- Tras seis días de conversaciones ininterrumpidas, una actividad diplomática sin precedentes en nuestra era y un intercambio de más de un centenar de documentos para firmar entre las dos potencias, en la madrugada de hoy se ha hecho posible la paz mundial.

Eran exactamente las 2.17 horas de hoy en España cuando ocurría el acontecimiento: los presidentes de la Unión Soviética y de los Estados Unidos, Nikolai Serviev y John Fisher, respectivamente, lograban el acuerdo de desarme estampando sus firmas en sendos documentos de más de once páginas de extensión.

Con tales rúbricas, los dos países se comprometen a la total destrucción de sus respectivos arsenales nucleares, químicos y bacteriológicos, en un plazo de cinco años. Una palabra, la elección entre los vocablos *total o general,* a punto estuvo de tirar por la borda los acuerdos de los últimos días. Se trataba de dilucidar si al sustantivo *desarme* le seguiría el calificativo *total* o el de *general.* Una cuestión nimia que escondía otra más grave: Estados Unidos no estaba dispuesto a contabilizar entre sus arsenales los laboratorios de armas químicas distribuidos en territorio de diversos países latinoamericanos, con el primer objetivo de combatir el narcotráfico; en cuyo caso, la Unión Soviética dejaba fuera de su recuento el despliegue de misiles de largo alcance realizado en Oriente Medio.

Hizo falta la mediación del presidente de la ONU, Gonzalo Cifuentes, y del de la Comunidad Europea, Lucio Persi, para que el asunto no pusiera fin a las conversaciones de desarme. Tras una entrevista de más de dos horas entre los cuatro mandatarios —en la que tan solo se permitió la presencia de los intérpretes, contrariamente a lo sucedido en anteriores encuentros, en los que habían participado ministros de ambas partes y secretarios de Estado—, se superó la divergencia. El desarme será total y en el recuento de uno y otros arsenales entrarán ambos bloques de armas.

La Organización de las Naciones Unidas será el organismo internacional encargado de velar por el cumplimiento de tales acuerdos; aunque en la redacción del documento final se contempla la posibilidad de que la ONU «invite» a terceros países a participar en las tareas de supervisión y fiscalización del desarme.

Ginebra, la ciudad donde se han venido desarrollando las conversaciones, ha pasado desde hoy a la Historia, de la mano del que, sin duda, es uno de los mayores logros políticos de todos los tiempos. Sus habitantes salieron a las calles, en una inmediata explosión de alegría; precedente —no es muy aventurado decirlo— de la que hoy vivirá el mundo entero.

Jesús Campos. Autor, director y escenógrafo

«Nunca más»

JESÚS CAMPOS, Madrid.

En los confines del cuarto de baño, y aprovechando una pausa en las actividades propias del lugar, Jesús Campos se encuentra consigo mismo, y en uno de sus frecuentes ataques de egocentrismo, se concede una entrevista en exclusiva, de la que transcribo algunos fragmentos.

YO PREGUNTANDO.—Según mis noticias, han pasado nueve años desde su último estreno, ¿puede explicar las causas de una ausencia tan prolongada?

YO CONTESTANDO.—No.

YO P.—Ya. Bien. ¿Qué se propone con su obra *Entrando en calor?*

YO C.—Decir lo mismo con otro acento.

YO P.—¿Significa eso que todas sus obras son una sola?

YO C.—Nada me obsesiona más que darle a cada tema su juego específico. Si hay algo de lo que no puedo ser acusado es de haberme copiado a mí mismo, con la coartada del estilo propio; pero, pese a todo, íntimamente no es posible negar que, bajo los distintos artificios dramáticos, hay una constante que permanece invariable, al menos en los trabajos fundamentales.

YO P.—¿Y es?

YO C.—Cualquiera que haya leído 50 de mis obras, podrá contestarle mejor que yo.

YO P.—¿Alguien ha leído 50 de sus obras?

YO C.—No. Afortunadamente.

Llegado a este punto, la conversación deriva hacia temas digestivos y otros placeres de distinta naturaleza, hasta, finalmente, centrarse en los temas nucleares.

YO P.—¿Cree usted en la existencia de la bomba atómica?

YO C.—Sí. Soy creyente practicante, y esto importa resaltarlo porque, aunque la mayoría se declara creyente, lo cierto es que se comportan como incrédulos empedernidos.

YO P.—¿No se siente un poco ridículo actuando de profeta catastrofista en las postrimerías del milenio?

YO C.—Por supuesto que sí; yo siempre me siento ridículo, es una de las sensaciones que más frecuento. Así que figúrese cómo puedo sentirme haciendo de futurólogo post-nuclear, sin más antecedente cultural de amplia difusión que las películas de colores que nos mandan desde Hollywood. Créame que me siento abochornado.

YO P.—¿Por qué lo hace entonces?

YO C.—Por puro morbo.

YO P.—Pero ¿cree realmente que se anuncia el fin del mundo?

YO C.—¡Ah! Yo qué sé. (*Tras una pausa, reacciona airado.*) ¡Oiga, qué se cree! Si alguien con poder para hacerlo tuviera planes al respecto, puedo asegurarle que no iba a venir a contármelo a mí. Pero ¿por quién me toma? ¿por un majara?

YO P.—Hombre... como escribe usted de la guerra nuclear.

YO C.—Mire, de la guerra nuclear lo menos importante es la guerra nuclear; como comprenderá, que esto salte o no por los aires es una consecuencia y, como tal, algo secundario. A mí lo que realmente me preocupa es lo que ha ocurrido, lo que ocurre para que estemos en disposición de saltar por los aires.

YO P.—Si no se explica...

YO C.—Mire, si un individuo se decide a comprar un revólver para pegarse un tiro en la sien, no creo que nadie piense que el problema es el revólver. La imagen de la persona apretando el gatillo debe hacernos pensar en su soledad, su incomunicación, su amargura, su sentimiento de inutilidad.

YO P.—¿Qué quiere decir?

YO C.—Que colectivamente ya hemos ido a la tienda a comprar el revólver. De un suicida, lo más terrible no es el suicidio sino su vida.

YO P.—¿Piensa usted que nos vamos a suicidar?

YO C.—Usted no sé, y yo no lo tengo claro. De momento, me gustaría seguir incordiando un poco más. Pero la cuestión no se plantea como opción individual. Mire por dónde, cuando hemos perdido por completo el sentido de la colectividad, resulta que, colectivamente, lo único que podemos hacer es suicidarnos.

YO P.—Tampoco es eso.

YO C.—¡Ah! No, con solo darle a un botón, ¿podríamos con solo darle a un botón ser felices colectivamente?

YO P.— Oiga, y si lo ve tan negro, ¿por qué escribe una obra de risa?

YO C.—¿Quién ha escrito una obra de risa?

YO P.—¿Usted, no?

YO C.—¿Yo? Yo he escrito una obra. Si alguien se ríe es su problema.

YO P.—No me negará que, deliberadamente, organiza un equívoco con situaciones cómicas para que el espectador tenga que tragarse sus propias risas.

YO C.—Mire, un equívoco es un término que estaría dispuesto a aceptar; el objetivo del trabajo es mostrar los dos planos: el superficial y el profundo; para eso se dan dos brochazos: uno negro y uno blanco que lo oculta.

YO P.—¿Y eso no tiene truco?

YO C.—Visto desde una óptica «benaventina» (empleando el término sin ninguna connotación peyorativa, sino solo por establecer un modo de hacer teatro), pudiera entenderse así; pero traducida a símbolos, la obra no hace sino reproducir el esquema en el que nos desenvolvemos a diario: una existencia alarmantemente deteriorada, envuelta en el papel de plata del «aquí no pasa nada», con su pizca de erotismo cutre a modo de guinda. Una metáfora, una chocolatina o un pastel; a elegir.

YO P.—¿Y no podría, aunque solo fuera por variar, dar una visión más optimista de la vida?

YO C.—No, lo siento, no me quedan.

Dejándose a sí mismo por imposible y preguntando sólo por preguntar:

YO P.—¿Tiene en perspectiva algún otro proyecto teatral?

YO C.—Nunca debe decirse de este agua no beberé, así que no diré nada sobre el agua, pero teatro NUNCA MÁS.

Autocrítica

Curarse en salud

JESÚS CAMPOS GARCÍA

Con el estreno de *Entrando en calor* vuelve a ponerse de manifiesto uno de los males endémicos de nuestro teatro, quizás el más importante: la falta de autores. Jesús Campos, del que alguien pudo decir alguna vez que prometía, no ha cumplido su promesa, por lo que debe incluirse, sin más, en la ya larga nómina de dramaturgos españolas que ni tienen nada que decir, ni saben cómo decirlo.

Cuando despojado de las piruetas escenográficas, Campos propone una obra de texto, quizás siguiendo los dictados de la moda, quizás sólo motivado por razones económicas, el trabajo se presenta tan lleno de obviedades y lugares comunes que queda patente la falta de originalidad del autor, su incapacidad para contar una historia que, de existir, se opone de modo torpe y con diálogos farragosos, supuestamente coloquiales, y lo que es más de lamentar, su falta de dominio para hacer creíbles unos personajes que no son sino marionetas al servicio de sus *ingeniosidades.*

ADÁN y EVA, últimos supervivientes de una catástrofe nuclear (esto, sin duda, el autor creerá que es una idea luminosa), se entretienen haciendo chistecitos de dudoso gusto sobre sus miserias e incluso organizan algún safari erótico para entretener al personal; todo ello mal hilvanado en una estructura dramática llena de trucos y recursos manidos, mal copiando una situación escénica con gloriosos antecedentes en la Historia del teatro de la que aquí apenas se esboza su caricatura. Y así, entre equívocos y engaños del teatro más convencional, se hacen referencias a la impotencia y a la esterilidad, hasta que, sin que venga a cuento ni se sepa muy bien por qué, sacan dos pistolas y se pegan cuatro tiros, resolviéndose la obra en una escena que piadosamente calificaríamos de lamentable. Es una pena que la función no comience con el final, todos saldríamos ganando.

Lo malo de los simbolistas —y Campos es, sin duda, un simbolista camuflado— es que subordinan todo al símbolo, tienen un mensaje generalmente esquemático, y luego visten la mona con mejor o peor fortuna, en este caso con peor. Sin duda entendemos su planteamiento: «Una sociedad impotente y esterilizada, que oculta su realidad bajo una apariencia divertida y aburridamente erotizada, todo ello bajo la amenaza de un suicidio colectivo». Como el lector habrá advertido, una vez más vuelve a descubrirse el Mediterráneo. Y si aún viniera a cuento... pero la comedia nos llega en tiempos de distensión y de desarme, y por tanto totalmente desfasada y sin ningún sentido de la actualidad. En su calidad de autor, (?) no voy a darle ningún consejo, porque a su edad la cosa creo que ya no tiene remedio, pero como ciudadano le recomendaría que leyera la prensa con más atención, para al menos mantenerse informado y saber qué es lo que tiene que pensar.

Por si lo dicho fuera poco, Campos, según nos tiene acostumbrados, volvió una vez más con su manía de *Juan Palomo* asumiendo dirección y escenografía, con lo que los defectos apuntados en el texto, lejos de corregirse con la colaboración de otros profesionales mejor dotados para este oficio, aumentan hasta niveles inconcebibles. Con un espacio escénico pequeño y mal distribuido y repleto de trastos, los actores apenas tienen sitio para moverse, por lo que la puesta en escena prácticamente carece de juego; así que ya pueden ustedes imaginarse lo que es hora y media larga de representación hablando sin parar y prácticamente sin moverse de su sitio.

Los actores, muy profesionales y disciplinados, sacaron el texto como pudieron, haciendo gran derroche de tesón y espíritu de sacrificio; si hubiera que hacerles algún reproche, sería el de haber aceptado este trabajo. Magnífico Ángel de Andrés en el papel de EVA, que estuvo en todo momento ocurrente y encantador. Lola Mateo, con la fuerza a que nos tiene acostumbrados, interpretó muy bien en el papel de ADÁN.

Por último, lamentar que el Ministerio de Cultura subvencione proyectos tan faltos de interés; si no hay un teatro español digno de ser tenido como tal, es preferible asumirlo y volcar nuestra atención en el teatro clásico y de repertorio, si no queremos quedarnos sin los cuatro espectadores que aún se aventuran por los patios de butacas expuestos a ser tan duramente maltratados.

Si la noche del estreno el público ovacionó puesto en pie, es sin duda porque se hallaba compuesto por familiares y amigos de los componentes de la compañía y del mismo autor; porque de otro modo no se explica.

Fría acogida

J.C., Madrid

Con motivo del estreno de la obra *Entrando en calor*, todo Madrid se dio cita en los vestíbulos de la Sala del Mirador; aristócratas, políticos, banqueros, abrigos de pieles y otras celebridades, así como la Movida —que, aquejada de artrosis, no cesó de quejarse— realzaron con su presencia la celebración de este acto benéfico-cultural, en el que se recaudaron fondos para enviar dulces de Navidad a las tropas destacadas en el Golfo Pérsico.

Al finalizar la representación, que fue acogida con frialdad, se pudieron recoger opiniones para todos los gustos. Lo más celebrado fue el vestuario y el diseño de los muebles, y fue comentada muy negativamente la mala calidad del papel del programa de mano, así como la ausencia de canapés y otros agasajos gastronómicos de obligada presencia en este tipo de actos culturales.

SUCESOS

Sin resultados en la investigación

Nuevo caso de violación en el Parque del Oeste

La banda de delincuentes que ya empieza a ser conocida como «los violadores del Parque del Oeste» actuaron anoche, por séptima vez en los últimos dos meses. A pesar de su reticencia, la víctima —una mujer de mediana edad— ha presentado denuncia en la Comisaría del Distrito para facilitar las pesquisas policiales que se vienen desarrollando, aunque, de momento, sin ningún resultado.

Una vez más, los ya tristemente famosos violadores del Parque del Oeste han vuelto a actuar, por séptima vez en los últimos dos meses.

En esta ocasión, la víctima —una mujer de mediana edad, que responde a las iniciales de C.C.M.— fue asaltada sobre las 20.30 horas de ayer, en las inmediaciones del Teleférico, ya en el interior del parque madrileño.

Los asaltantes, de nuevo tres individuos jóvenes, abordaron a la mujer solicitándole información sobre algún centro de asistencia sanitaria urgente. Según declaraciones de la víctima a la Policía, los delincuentes no presentaban aspectos sospechosos, por lo que C.C.M. atendió su demanda. Coincidiendo con otras víctimas anteriores de la banda, la violada ha descrito a sus asaltantes como tres hombres jóvenes —entre 20 y 25 años— de aspecto común, vestimenta y modales correctos. Se da la circunstancia que, una vez consumado el delito, los violadores abandonaron a la mujer en estado semi-inconsciente, sin que fuera recogida hasta dos horas más tarde por una pareja de la Policía Municipal que patrullaba la zona. En un principio, la mujer se negó a presentar la denuncia correspondiente a la comisaría del distrito, por temor a que su nombre fuera dado a conocer en los medios de comunicación. Posteriormente y en presencia de su novio —que había sido requerido por la misma Policía—, presentó denuncia de los hechos a tenor de facilitar la propia investigación policial que se viene desarrollando desde la primera actuación de la banda.

El agresor recibía tratamiento psiquiátrico

Mata a su amante y se la come a la brasa

Miembros del Cuerpo de Policía encontraron, en la madrugada de hoy, el cuerpo sin vida y mutilado de una joven; víctima, al parecer, de los desequilibrios mentales de su propio novio que la asesinó «para comérsela», según ha declarado el mismo acusado. La desaparición de la muchacha —de la que no se conoce familiar alguno— fue denunciada hace ahora una semana por amigas de la misma y estaba siendo investigada, con el macabro resultado que hoy se ha dado a conocer.

El cuerpo sin vida de Ana T.L., de 27 años de edad, fue encontrado a primeras horas de la madrugada de hoy, en un local del polígono industrial de Fuenlabrada, por miembros del Cuerpo de Policía Nacional.

La víctima había sido mutilada en sus miembros inferiores y su cuerpo camuflado entre unas bolsas de plástico en un frigorífico industrial. Esta circunstancia ha impedido que el estado de descomposición del cuerpo avance con mayor rapidez, a pesar de que el primer informe del forense asegura que la mujer fue asesinada hace ahora ocho días.

En una inicial aproximación de urgencia a los hechos, la Policía trabajó con la hipótesis de que pudiera tratarse de un caso de ritual satánico, pero este periódico ha podido saber de fuentes de toda solvencia que dos horas después de encontrarse el cadáver, inspectores del Cuerpo de Policía detuvieron en su domicilio al que había sido novio de Ana T.L., bajo acusación de asesinato.

La presencia de una barbacoa doméstica en el local donde fue encontrada la víctima, así como otros utensilios de carnicería (cuchillos, hachas, afiladores, etcétera) orientó las pesquisas policiales hacia el novio de la asesinada, propietario de un puesto de carnicería en el madrileño mercado de San Benito.

En espera de aclarar los términos exactos de tan macabro suceso, en la rueda de prensa que ofrecerá hoy el inspector encargado del caso, Fermín Gutiérrez, al parecer, el acusado se confesó, tras ser detenido, culpable del asesinato, y declaró haber troceado las piernas de su novia «para asarlas y comérselas», con el fin de «adquirir sus muchísimas virtudes».

Vecinos del acusado han declarado que el mismo sufría alteraciones mentales desde hace algunos meses y que estaba siendo tratado, en régimen ambulante, en el Hospital Psiquiátrico Provincial.

Los padres, contra la maestra que abusó de sus alumnas

La Asociación de Padres del Colegio Virgen Blanca, de Madrid, se personará como acusación particular en la causa que se instruye contra Dolores del Real, maestra del citado centro, acusada de diversos actos de abusos deshonestos contra menores en las personas de varias de sus alumnas.

Los hechos saltaron a las páginas de los diarios el pasado lunes, cuando un padre puso en conocimiento del director del centro y posteriormente, de la autoridad judicial, la versión de su hija, de ocho años de edad, que afirmaba que la profesora había invitado a varias compañeras de curso a su casa para preparar una función de teatro escolar. En el transcurso de la tarde, la maestra, con la excusa de disfrazar a las niñas para el ensayo, «las desnudó y sometió a diversos tocamientos», según reza el propio Sumario.

Andrés Nagel

No es Andrés Nagel persona amigada con la fama o la notoriedad; más bien al contrario: intentar conocer algo más de la vida de este diseñador vasco se convierte para el periodista en una tarea trabajosa y, a menudo, inútil. Y, sin embargo, se trata de un nombre más que relevante en el panorama del actual diseño español.

Autor de la silla y el escritorio *Entremanos* (1988), producidos por Akaba y que en estos días se exhiben en la Sala del Mirador, con motivo de la puesta en cartel de la obra teatral de Jesús Campos, Andrés Nagel inició su carrera en el mundo del arte recién cumplidos los veinte años, cuando comenzó a exponer su obra pictórica sin dejar de hacerlo prácticamente ni un solo año hasta la actualidad. Así, los trabajos de Nagel han recorrido las más prestigiosas salas y galerías de arte nacionales e internacionales, tanto en exposiciones individuales como en muestras colectivas del estilo más avanzado.

Combinación de su capacidad creadora y sus conocimientos arquitectónicos (se licenció en esta disciplina, al cumplir los 25 años) es la línea *Entremanos,* que consta de una silla de estructura metálica, pintada en nextel gris y de un escritorio, de iguales características, con cajones de madera maciza y escribanía de cuero.

Pepe Cortés

Trabajando imparablemente como interiorista desde 1971, Pepe Cortés León también posee un amplio historial como diseñador de mobiliario, aunque pocos le saben co-autor de conocidas obras de Javier Mariscal como el *M.O.R.sillón* o la *M.O.R.sillita.*

Su alrededor de 70 obras de interiorismo, una de ellas —la cubierta en cristal del restaurante Azulete, en Barcelona—, premiada con el galardón FAD del jurado y crítica en 1983; los diseños realizados desde 1975 y la colaboración ininterrumpida con Mariscal, con quien ha firmado una quincena de trabajos, le acreditan como uno de los primeros diseñadores de nuestro país.

Resultado de esta colaboración, hoy podernos ver una muestra en el sofá llamado *M.O.R.sillón,* realizado en 1986 y que consta de una estructura metálica pintada, con asiento y respaldo tapizados. El mueble fue seleccionado en 1986 para los prestigiosos premios Delta de diseño.

Javier Mariscal

De *enfant terrible* a diseñador olímpico, de autor de ese arte marginal que es el cómic a diseñador de muebles, de decorar bares a exponer su obra en Europalia, el que se considera «altar» de la modernidad europeo, el Centro Georges Pompidou o la Feria Internacional de Arte Arco'89. Ese es Javier Mariscal: versátil, heterodoxo, imposible de clasificar.

Trabajando desde los veintidós años, cuando publicó el que sería primero de sus cómic —faceta en la que luego realizaría una extensísima producción—, *El Sanar del Caballito;* ha alcanzado su máxima popularidad como autor de la mascota olímpica de Los Juegos de 1992, que se realizarán en Barcelona: el Cobi.

Menos conocida, aunque sí reconocida por el mundo artístico es su tarea como diseñador de muebles, figuras decorativas o interiores. Su silla, co-realizada con Cortés, *Trampolín,* de 1986, ha obtenido el Premio Delta de Plata Adifad, del mismo año.

Txema García Amiano

Vinculado desde 1970 con el mundo del diseño, Txema García Amiano no es un nombre conocido y, sin embargo, es quien hace posible una empresa como Akaba, que pretende poner de manifiesto la pujante capacidad creadora de los diseñadores españoles.

Fundada en San Sebastián, Akaba ha industrializado diseños de primeras figuras como son Ciganda, Pepe Cortés, Josep Lluscá, Javier Mariscal, Pedro Miralles, Santiago Miranda-Perry King, Andrés Nagel, Eduard Samsó, Gabi Teixidó, el Grupo Transatlántic, Oscar Tusquets o Alberto Corazón. Una parte muy importante de la producción de la empresa —alrededor de un 70%— se exporta a los mercados internacionales, lo que le ha facilitado una presencia constante en convocatorias internacionales y revistas especializadas del mundo.

En su carta de presentación, Akaba posee dos premios Delta de diseño español y ha sido seleccionada para muestras internacionales.

Adolfo Domínguez

En numerosas ocasiones, este artesano de origen ha sido expuesto como paradigma del moderno empresario español, en círculos próximos a la Administración socialista. No en vano, Adolfo Domínguez —que inició su debú en el mundo de la moda trabajando la sastrería clásica para hombre— ha logrado introducirse en el competitivo mercado internacional con sus actuales colecciones, ya también para mujer, y en la línea del diseño más vanguardista, con un estilo absolutamente personal que ha optado por la sobriedad y la sencillez.

Desde su licenciatura en Filosofía y Letras por la Universidad de Santiago, hasta llegar a ser el impulsor de un negocio familiar que ha adquirido un volumen de facturación de cinco mil millones de pesetas, según datos de 1988, Adolfo Domínguez ha vivido en distintas ciudades europeas, destacando su permanencia en París durante la explosión cultural de 1968.

Entrando en calor

Cuaderno de Bitácora

Todo comenzó en unas jornadas organizadas por el CNNTE (Centro Nacional de Nuevas Tendencias Escénicas): "disfrutábamos" de los placeres asamblearios (tan en boga en los años sesenta y que en los ochenta aún seguía haciendo estragos) cuando, para animar el tedio de tanto debate artístico-gremial, a Sanchis Siniestra se le ocurrió que los setenta autores allí reunidos escribiéramos una obra a partir de un anuncio por palabras que había leído no sé dónde:

> *"CASADO, 41 años, aspecto corriente, vasectomizado, discreto, culto y educado, insatisfecho por desajuste sexual esposa, busca señora madura, llenita y bien conservada".*

El anuncio no tenía desperdicio, pero para unas risas; de ahí a escribir setenta obras sobre el mismo tema... Este tipo de propuestas se hacían (aún se hacen) en los talleres de escritura dramática a los que, como mucho, asistían (o asisten) unos doce talleristas. En ese marco tenían sentido, pero no ante semejante despliegue autoral. Así que recibimos la ocurrencia como una bocanada de aire fresco entre tanto bochorno asambleario y no hubo más.

No hubo más, de momento; porque iban pasando las semanas, los meses incluso, y el anuncio volvía a estar ahí de forma recurrente. Que no es que pensara escribir tal obra: "Vamos, ni loco".

Hasta que un día tuve la ocurrencia de imaginar al protagonista en una silla de ruedas, y ese desajuste entre el estado del anunciante y el contenido del anuncio despertó mi curiosidad y saltó la chispa.

A esto antiguamente se le llamaba inspiración, aunque yo prefiero hablar de conexiones, de cortocircuitos, de asociaciones de ideas. Nuestra mente acumula informaciones muy diversas: vivencias, observaciones, lecturas, temores, anhelos, alguna gracia, alguna parida incluso; datos inconexos que un hecho fortuito (o una ocurrencia) puede poner en contacto estableciendo la conexión entre ellos. Y hablo de cortocircuitos porque es como un destello. Sí, por un momento vislumbras la historia, aún no la conoces al detalle, pero ya está ahí. Solo hay que escribirla.

Y es en ese punto en el que se produce la gran disyuntiva: ¿avanzar por la historia para afianzarte en lo que crees saber o indagar en lo que desconoces? La pregunta es retórica, pues desde que fui consciente de esta doble vía siempre opté por la curiosidad. O lo que viene a ser lo mismo, por estar más pendiente de las asociaciones de ideas que de las opciones razonables y, por ende, previsibles.

Como cuando se asiste a un parto, lo mejor que se puede hacer es ayudar a que los acontecimientos se produzcan de forma natural; acompañarlos con la mínima intervención posible, no utilizar los fórceps para nada y dejarse sorprender por lo que ocurra, que ya habrá tiempo de meter la historia en razón cuando toque afinarla y darle pulimento.

Sin más motivo que el de la intuición, al deterioro de ADÁN se sumó enseguida el de su entorno. También al de EVA. Y de este modo, dando paso a las ocurrencias, se fue pergeñando una situación que, por la naturaleza del anuncio, apuntaba a la comedia, pero cuyas imágenes propiciaban la tragedia. Dos géneros, en teoría incompatibles, salvo cuando se funden en la tragicomedia. Esa era la tesitura.

Y sí, la historia estaba en marcha, pero, ¿hacia dónde me conducía? Fue entonces cuando fui consciente de que la palabra que de algún modo me había mantenido enganchado al anuncio era "vasectomizado": término que nos remite a conceptos contradictorios y, por tanto, dramáticos. ("El conflicto", tan denostado por los modernos. ¡Pobres!). Estar vasectomizado supone anular la función primordial del sexo, la procreación, relegando los genitales a usos recreativos o de explicitación de los afectos. Y surgió la pregunta: ¿estamos asistiendo a un proceso de vasectomización colectiva? Ni tenía ni tengo ni pretendo tener respuestas de tanta enjundia, pero sí me gusta estar atento a las asociaciones de ideas, para que sean ellas las que respondan por mí. Y aquí vinieron a mi memoria dos artículos que había leído hacía tiempo (los cortacircuitos) y que algo tenían que ver con lo que estaba escribiendo.

El primero hacía referencia al gran número de homosexuales londinenses que, al parecer, optaron por establecer relaciones hetero durante la segunda guerra mundial, respondiendo así al instinto de conservación de la especie. Lo que me puso en la pista de que podían ser los estragos de una guerra lo que justificara el estado calamitoso, tanto de los personajes como de la vivienda en la que se producía el encuentro.

El otro era más sorprendente aún. Al parecer, hacia años, en el atolón de Mururoa, a consecuencia de unas pruebas nucleares, una rara especie de chinches sufrió graves malformaciones genéticas que ocasionaron que las hembras nacieran sin vagina. El riesgo de extinción convulsionó el comportamiento sexual de los machos, que las penetraban por cualquier lugar de su cuerpo, para que los espermatozoides se abrieran camino a través del organismo en un intento desesperado de perpetuar la especie.

Ambas noticias coincidían en la alteración del comportamiento que generaba el instinto de conservación en situaciones de crisis. Pero es que esta segunda ponía además sobre la mesa el tema nuclear. Una cuestión muy presente en los años de la Guerra Fría, y que, por tanto, no podía soslayar. Y ¡voto a bríos!, que nada me apetecía menos que escribir sobre catástrofe nucleares, pero seguir el sendero de la intuición, y no el de la razón, es lo que tiene.

La traición, la violencia, el poder, la pasión, el incesto, no digamos ya la muerte, son temas que los espectadores reconocen como ciertos, pues son parte del bagaje de todas las culturas a través los tiempos; el fin del mundo, en cambio, es un tema que carece de raigambre al no estar en nuestra memoria (en realidad nunca lo estará, pues una vez que ocurra ya no habrá memoria) y sus escasos referentes culturales se circunscriben al ámbito del alarmismo comercial hollywoodiense. Por tanto, escribir sobre catástrofes nucleares y que resultara convincente era (lo sigue siendo) todo un reto.

Afortunadamente, el punto de partida (anuncio por palabras más deterioros de los personajes) que me había puesto en el brete de tenérmelas que ver con semejante temática me ofrecía al mismo tiempo los elementos necesarios para establecer una estrategia potencialmente convincente. Lo lógico era pensar (y así ocurrió) que los espectadores estarían más interesados en la pirueta erótico-festiva que se derivaba del anuncio que en los deterioros que continuadamente la ponían en cuestión. Como en la vida real, solo prestaban atención a la parte de la historia que les resultaba más placentera, dejando sin resolver lo que les pudiera incomodar.

Jamás traté de engañar a los espectadores, pero sí me gusta dejar que se equivoquen (forma parte del juego). Se trataba, por tanto, de modular la ambivalencia, suministrando las informaciones necesarias para que la tragedia no surgiera de la nada y hacerla compatible con el hecho de que la comedia era solo un intento desesperado por sobrevivir. Si, en esa vorágine de informaciones contradictorias, el espectador era capaz de vislumbrar la catástrofe nuclear, el objetivo se habría alcanzado, que nada resulta tan convincente como el orgullo de haber sido capaz de descifrar el enigma.

En esencia, la estrategia de la obra es solo eso: generar un equívoco. Si bien ese equívoco tiene mayor alcance que el meramente instrumental (como recurso puesto al servicio de la eficacia del drama), pues el hecho de que el espectador preste atención solo a las palabras, negándose a aceptar las imágenes, reproduce de algún modo el comportamiento social, antes apuntado, de escuchar solo lo que nos satisface e ignorar lo que nos desagrada.

Hoy, treinta y cinco años después, conocedores hasta la saciedad de que tenemos capacidad más que suficiente para destruir el planeta varios miles de veces y con la amenaza nuclear a las puertas de Europa, la pregunta sigue vigente: ¿hasta cuándo vamos a seguir mirando para otro lado?

Entrando en calor: todo se cuece a fuego lento

Cristina Santolaria Solano

Aunque pueda parecer paradójico, nuestro somero análisis no se realizará sobre el texto que precede a estas líneas, sino sobre la grabación de *Entrando en calor* que el Centro de Documentación Teatral realizó de su último estreno en 2002, en el Teatro Galileo e Madrid el 31 de enero de 2002. La coherencia con la poética de Jesús Campos, de la que ya hemos hablado en el Prólogo, según la cual es el autor quien debe dirigir su espectáculo —modo este de reflejar exactamente lo que su imaginario persigue—, es la que nos ha llevado a tomar esta decisión, si bien es preciso señalar que la versión que ahora se ofrece al lector es la que sirvió de base a la mencionada puesta en escena.

Una constante de la obra de Campos García es el largo periodo, la lenta cocción que transcurre desde que la idea motriz, el vómito al que aludíamos en páginas precedentes, toma forma literaria y, más tarde, escénica, es decir, desde los primeros esbozos textuales hasta que, después del estreno, Campos da por terminada su obra. Es muy ilustrativa en este sentido la web del dramaturgo: se citan títulos, incluso ganadores de premios, pero no se ofrece su texto porque no han sido estrenados.

Entrando en calor es un paradigma nítido de lo que decimos: fue escrita en 1984, presentada al Premi Born, que ganó, en 1988 bajo el título *De la realidad contemporánea (Entrando en calor)* y publicada un año después. Su estreno absoluto, solo como *Entrando en calor*, se produjo el 5 de diciembre de 1990 en la Sala Mirador de Madrid, protagonizada por Ángel de Andrés y Lola Mateo. Como no podía ser de otro modo, Jesús Campos, además del texto, aportó al montaje la dirección y la escenografía, los mismos saberes que suscribió en la nueva puesta en escena que se produjo el 11 de enero de

2002 en el Teatro Galileo de Madrid, ahora protagonizada por Pepa Sarsa y F. M. Poika. Acompañando a este montaje, Campos, a través de IN Cultura Editorial, publicó una nueva versión, más concentrada y ambigua, en la que el "juego" con el espectador es más palpable. En estas ediciones y montajes, el dramaturgo ha repasado sus textos una y otra vez y los ha adaptado a lo que la realidad escénica y sociopolítica le exigía, pero también a lo que le dictaba la puesta en escena. La modificación del título creo que es una buena prueba de ello. La amenaza de un desastre nuclear, o químico, o bacteriológico, como la realidad ha evidenciado recientemente, e incluso digital, no son las mismas en el mundo de los siglos XX y XXI, pero sí son las mismas la angustia y la desesperación que siente el ser humano ante la muerte y la extinción colectiva.

La opinión de la crítica fue dispar, como ocurre ante cualquier espectáculo no convencional. Hubo quienes alegaron que había pasado su momento, puesto que ya no había amenazas nucleares, o que el desarrollo estructural era inapropiado, pero todos reconocieron la presencia de un espectáculo "no cómodo" sobre la escena, de un espectáculo que no ocultaba una verdad, a veces, peligrosa para quien no sigue las reglas del juego, a la vez que saludaron, en el estreno de 1990, la vuelta a los escenarios de un autor transgresor cuya presencia era muy necesaria en los mismos. Así mismo, se alabó, en ambos montajes, la labor de los intérpretes y la adecuación del espacio escénico, fiel "trasunto del desconcierto existencial de los personajes".

En *Entrando en calor*, como en otras muchas obras del dramaturgo jiennense (con excepción de la mayor parte de sus textos breves), a Jesús Campos le gusta "jugar" con el espectador, mantenerlo en la ambigüedad y el equívoco, obligarlo a participar activamente en el desarrollo de la acción, mientras que, como las capas de una cebolla o las matrioskas rusas, va ofreciéndole pistas que le arrastran a desvelar realidades cambiantes, a cambiar de perspectiva, a situarse en un plano distinto. En *Entrando en calor*, el escenario oscuro durante los cinco primeros minutos induce al espectador a creer que se encuentra ante una comedia de enredo basada en una cita a ciegas, realidad que se distorsiona cuando se hace la luz y, poco a poco, vamos descubriendo, además del caos y la suciedad en el espacio escénico, el deterioro físico, y también en el vestuario, de los personajes, de los que, además, conoceremos que se llaman Adán y Eva, nominación nada casual que los convierte en portavoces de la humanidad. En esta segunda parte, que durará casi una hora, asistiremos a una ficción dentro de otra ficción, presenciaremos una fábula en la que muy esporádicamente los personajes pasarán del "usted" al "tú", lo que hace aflorar una verdad de rasgos discordantes con lo dicho hasta el momento; verdad ratificada por la presencia de una alarma que, cada vez con más frecuencia, rompe el juego de la pareja. Aquí nos hallamos ante una comedia de costumbres (usos y prácticas amorosas durante el franquismo) algo dislocada y en la que emergen gags cómicos del mejor legado jardielesco, que son sustituidos, a medida que avanza el espectáculo, por una angustia existencial, trufada de ocurrencias chuscas y cutres, que se va apoderando de los personajes. Pero toda esta segunda parte que se decanta hacia la tragedia es minuciosa, las señales de alerta le llegan al espectador de forma muy pautada, muy a fuego lento —de forma acorde al "entrando en calor" erótico al que alude el título—, haciéndole dudar sobre el motivo por el que los protagonistas han perdido algunos de sus miembros (un león, una pelea, una caída, etc.). Muy bien esta dilatada parte podría subtitularse "Mi novia, la mano y yo", puesto que la anécdota de una masturbación en un cine español de los años 60 se convierte en núcleo de esta comedia costumbrista en línea berlanguiana, no exenta, sin embargo, de momentos de extrema violencia.

Con un desenlace que llega muy precipitadamente, desembocamos en la tragedia tras aterrizar en una realidad apocalíptica: Adán y Eva son los únicos supervivientes de una explosión nuclear que ya ha cercenado algunos de sus miembros, además de todas sus esperanzas, esperanzas puestas en lograr excitarse sexualmente, parábola de una vida plena. Adán afirma con cinismo que su filosofía de la vida reside en satisfacer sus deseos, y cuando esta verdad se evidencia en su imposibilidad prefiere no retrasar su ineludible destino, a la vez personal y colectivo. Eva, en cambio, como la Sherezade de *Las mil y una noches*, ha estado confiando en el poder de la palabra como medio de alcanzar el goce sexual y así diferir la muerte, pero la realidad acaba imponiéndose y ambos, bajo la forma de un acto de amor descarnado, se suicidan.

En esencia, lo que Jesús Campos ha presentado —como en otras muchas ocasiones, centrado en el núcleo matrimonial— en *Entrando en calor* es la situación terminal de un mundo que se acaba, o quizás, en una visión más actual, que se agota; todo ello representado por dos seres agónicos que tratan inútilmente de eludir su suerte. Sin embargo, durante la mayor parte de la obra, el autor ha jugado —como reconoce en su Cuaderno de bitácora— con nosotros como público o como lectores mediante una metaficción que, atravesada por el absurdo y un engranaje de equívocos, nos ha mantenido en el terrero de la comedia de más pura tradición costumbrista y española, para desembocar en un trágico escenario vital que nos cuesta ver, y mucho más aceptar.

En ningún momento cuestionaría la vigencia de *Entrando en calor* y, si no, allí está el COVID 19, el recalentamiento global, la nueva amenaza de utilización de armas nucleares con motivo de la guerra de Ucrania... No son más que algunos de problemas a los que nos enfrentamos y sobre los que Jesús Campos intenta prevenirnos entre risas y recuerdos inimaginables en la actualidad, aunque el "calor" de esos conflictos ya deberíamos estar sintiéndolo. Sin embargo, resulta más cómodo mirar hacia otro lado e ignorar lo que nos atemoriza.

NOTA BIOGRÁFICA

Jesús Campos García (Jaén, 1938) es autor teatral, director escénico, escenógrafo y gestor cultural. Y más recientemente, novelista, al publicar *Mundo cruel* en IN-Cultura Editorial.

Estrenos: Diez obras, de duración normal, estrenadas en el Centro Dramático Nacional (Teatro María Guerrero), Festival del Grec (Barcelona), Festival de Otoño (Madrid), Muestra de Teatro Español de Autores Contemporáneos (Alicante), así como en los teatros de Madrid: Alfil, Barceló, Lavapiés, Círculo de Bellas Artes, Galileo, etc. Y veintiuna piezas breves agrupadas en dos *follas*, que se estrenaron en el Festival de Otoño y en el Festival Internacional de Teatro Contemporáneo. Montajes que, en su mayoría, giraron por todo el territorio nacional.

Ediciones: Sesenta y una publicaciones entre individuales y colectivas, editadas por Hiru, Primer Acto, Visor, Cátedra, Castalia, Antígona, Fundamentos, Irreverentes, Centro Dramático Nacional, Junta de Andalucía, Junta de Castilla-La Mancha, Universidad de Alcalá, Universidad de Murcia, Art Teatral, Estreno, Acotaciones, Pygmalion, Centro de Títeres de Bilbao, Éride, IN-Cultura, etc. Y ahora también: Invasoras.

Traducciones: Algunas de sus obras han sido traducidas y editadas en inglés, italiano, árabe y griego, otras han sido traducidas (pero no editadas) al francés, al portugués y al polaco, y actualmente se están traduciendo una al japonés y otra al árabe.

Premios: Nacional de Literatura Dramática (Ministerio de Cultura), Lope de Vega (Ayto. de Madrid), Tirso de Molina (Agencia Española de Cooperación Internacional, del Ministerio de Asuntos Exteriores), Eulalia Asenjo (RAE), Castilla-La Mancha de Teatro (Junta de Comunidades de Castilla-La Mancha), Borne (Cercle Artístic de Ciutadella de Menorca, en dos convocatorias), Guipúzcoa (Diputación Foral de Guipúzcoa), Carlos Arniches (Ayto. de Alicante), etc.

Reconocimientos: En 2003, Homenaje del Festival Internacional de Teatro Experimental de El Cairo (Ministerio de Cultura de Egipto) por su aportación al teatro experimental. En 2008, Homenaje de la XVI Muestra de Teatro Español de Autores Contemporáneos. En 2015, nombramiento como Presidente de Honor de la Asociación de Autores de Teatro. Desde 2016 el Certamen de Textos Teatrales que convoca la AAT lleva su nombre.

Gestión cultural: Desde 1984 y hasta 1989, en su condición de miembro de la Junta Directiva del Círculo de Bellas Artes de Madrid, dirigió la programación de los Teatros del Círculo. Desde 1998 y hasta 2015 presidió la Asociación de Autores de Teatro (AAT). En 1999 fundó la revista de reflexión sobre la autoría teatral *Las Puertas del Drama,* que dirigió hasta 2015. En 2000 fundó el Salón Internacional del Libro Teatral, que dirigió hasta 2015.